プロセス思考で
ビジネスが変わる

土方雅之
HIJIKATA MASASHI

幻冬舎MC

はじめに

作業のスピードが速くミスが少ない
処理能力が高く多数の案件を並行して進められる
問題の本質をたちどころに見抜いて解決策を打ち出せる
コミュニケーション力が高く関係者をうまく巻き込める――

どんな職場にも、仕事ができる人はいます。
彼らのようになれたらと憧れる反面、「彼らは頭がよく特別だ」「才能がない私には真似できないことだ」と決めつけ、自分自身の生産性を高めることを端から諦めてしまっている人もいるのではないでしょうか。しかし、そう考えるのは早計です。

私は20年以上にわたり業務改革を手掛けるコンサルタントとして、多くの組織や人を見てきました。その経験から、個人であれ、組織であれ、特別な頭の良さや才能がなくても、生産性を高めることが可能だと断言できます。

では、誰でも生産性を高めるカギを握るものはなにか――それこそが、本書のテーマである「プロセス思考」です。

詳細は本文に譲りますが、「プロセス思考」とは、一言でいうとプロセス全体を俯瞰する思考法で、業務改革に使われる考え方です。

まず仕事における目的を設定し、そこに到達するまでの全工程（プロセス）を分解して整理することであらゆる無駄を洗い出すことができます。そして、どの工程を改善すれば、仕事が最適化されるかが明確になり、生産性を着実に高めることができるようになります。

これは、業務改革のように大規模なものではなくても、一人で完結する仕事や、複数人を巻き込むプロジェクトの仕事にも応用が可能です。

もしもプロセスが見えていなければ、適切な工程に適切な施策を打てません。また施策を打っても、確実に実行することができません。しかしそれは裏を返せば、「プロセス」

次第で、仕事の品質と生産性は大きく変わってくるということです。

　私は１９９２年に大手電機メーカーに入社して以来、プログラマー、システムエンジニア、プロジェクトマネージャーなどさまざまな仕事をしてきました。当時は、自分がやってきた仕事に共通性があるとは思っていませんでしたが、振り返ってみると、実は私は一貫して、「プロセス」を設計してきたのだと気づきました。

　例えば、大手電機メーカーの事務作業だけを切り出して受注する子会社でマネージャーをしていたことがあります。

　事務作業のスピードというのは、個々の事務員の能力に依存していることが多いように思われがちですが、一つの仕事を一人が最初から最後まで完結させるわけではなく、多くの人で分担しています。そのため、作業の受け渡しに伴う待ち時間の調整、個人の能力による処理速度の差の解消など、目に見えない「プロセス」を見えるようにして調整する必要がありました。

　「プロセス思考」で仕事の「プロセス」全体を見直すと、無駄な待ち時間がどれくらいあるのか、何度も繰り返されるミスの原因がどこにあるのか、そしてどのように仕事のやり方を改善すればよいかが、一目瞭然になります。

それは、結果として、顧客満足度の向上、従業員満足度の向上、業績改善といった、どの会社にも共通する課題の克服につながります。

本書では、そのような大規模な業務プロセス改善でも使われている「プロセス思考」のエッセンスを、分かりやすくお伝えします。

私は、26年間勤めた会社を辞めて独立起業しましたが、新しい会社の業務設計でも、この「プロセス思考」に大いに助けられました。

本書で説明する「プロセス思考」が、読者の皆さまのお役に立ち続けることを願っています。

プロセス思考でビジネスが変わる　目次

［第１章］

あなたの生産性はまだまだ上がる

個人の作業能力に大差はない

日本の職場において、「あの人は仕事ができる」、「優秀だ」、「能力が高い」などという言葉が日常的に使われていますが、それが具体的に何を意味するものか考えたことはありますか？

人事評価をする立場の人であれば、「営業成績が高い」、「仕事が速い」、「数値目標を常に達成している」などの定量的な評価軸を持っているでしょう。あるいは、「英語で商談ができる」、「会議でさまざまな意見をバランスよくまとめることができる」、「周囲からの評判が良い」などの定性的な評価で判断することもあるでしょう。

そのような言葉を聞いたときに私が気になるのは、「それって、すべて個人の能力によるものだと思っていませんか？」ということです。

定量的な評価でいえば、確かに会社の中には、その時点で営業成績の良い人と悪い人がいます。ですが、では、成績の良い人が毎月良い成績を上げていて、悪い人は毎月悪いのかといえば、意外とそうでもありません。たまたま大きな案件を受注してその月の成績が良い人もいれば、受注のタイミングが微妙にずれてしまって、その月の成績が悪くなってしまった人もいます。長期的に見れば、成績が良い傾向の人と悪い傾向の人がいますが、新人などによく見られるように、それまで営業成績の悪かった人が、何かのきっかけで急に良くなることもあります。

20年以上にわたるプロセス改革の経験を通じて私が感じたのは、人にはそれぞれ個性があるし、担当した領域や時期によって成績が上下することもあるけれども、会社で求められる仕事の範囲でいえば、ほとんどの人の基礎的な作業能力には大きな差がなく、実はプロセス次第で生産性や品質が異なってくるのだなということです。創造性や設計に関する能力には個人により大きな差がありますが、基礎的な作業能力にはそれほどの差はなく、むしろ、プロセスに大きく支配されているのです。

これは部下を持つマネージャであれば、納得していただけると思いますが、「この人は仕事ができる」、「あの人は仕事ができない」などと、個人の能力のせいにしても、マネジメントの向上にはほとんど役立ちません。それどころか、低評価とラベリングされた人のモチベーションを下げて、ますます生産性を低くするなど、逆に害となります。

私に言わせれば、経験が少なかったり、たまたまミスをしたりで、その時点では仕事があまりできない人がいても、それはその人自身が持つ能力の問題というよりも、より良いプロセスを知らなかったり、効率の良くないプロセスに従っていたりすることが原因であることが多いものです。

しかし、私たちはどうしても個人の能力だけで評価をしてしまいがちです。「あの人はああいう人だから」、「この人はこういうことをするから」と、その人自身のせいにするほうが、「あの人が今回あのようなミスをしたのは、こういった事情があって、あそこで確認を怠ったことが原因で、それを周囲の人が見過ごしたのは、このような環境になっていたからだ」と分析的に考えるよりも簡単で、脳にストレスが掛からないからです。

それを人間の性《さが》としてある程度は許容するにしても、問題は自分自身にもそのような目を向けてしまうことです。

私たちは、生まれてからずっとさまざまな評価の目に晒されています。学校に行けばテストがあり、スポーツをしても勝ち負けがあり、進学先の偏差値、就職先の人気度、仕事の成績、社内での出世の速度など、常に序列があります。その時々での評価はもちろんあってもいいものですが、怖いのは、それが自分自身の能力の限界であると誤認することです。

生産性を下げているものは何か

能力が原因でないならば、あなたの仕事の生産性を下げているものはなんなのか。

仕事のアウトプットには量と質がありますが、まずは量を増やすためにはどうすればよいかを考えてみましょう。

人が持っている時間は有限ですから、アウトプットの量を上げるためには、一つひとつの仕事に掛かる時間を短縮することが大切です。つまりスピードアップが、生産性の向上には不可欠です。

そして仕事の速さも、しばしば個人的な資質と考えられがちですが、やり方が異なるだけで、一つひとつの作業にかかる時間には個人差はほとんどありません。計算やコピー取りのような単純作業をやらせれば、ほとんどの人は同じような時間が掛かるはずです。

ネットで情報を探してレポートにまとめるなどの多少複雑な仕事になれば、頭の回転の速さや処理速度の違いはあるでしょうが、単純作業の部分には、さほどのスピードの違いはありません。会議やセミナーに出席するのに掛かる時間は誰でも同じです。

それなのに、仕事の速さに違いが出るのは、そのプロセスに差があるからです。

例えば、パソコンを使ってインターネットで調べ物をするときに、いちいち部屋を移動してパソコンを起動してネットに接続しなければならない人と、いつもパソコンをスタンバイ状態で持ち歩いていてすぐに取り出せる人とでは、目的の情報にたどり着くまでに大きな時間の違いが出るでしょう。調べる順番を考えてからパソコンを開く人と、パソコンを開いてからやみくもに調べ始める人とでも、時間の差が出てくるでしょう。

また、関係部署からメールをもらって処理するという作業をする人がいるとして、すぐにメールをくれる担当者と仕事をしている人と、なかなかメールをくれない担当者に当たっている人とでは、仕事の終わるスピードがまったく違うものです。

さらに言えば、もらったメールをすぐに処理するようにしている人と、時間を決めてまとめて処理するようにしている人とでも、その対応スピードには差が出てきます。

処理したメールをさらにほかの部署に送って作業することが必要な場合、このようなプロセスの途中で生じたタイミングの差が積もり積もって、最終的に大きな遅れにつながることも珍しくはありません。

つまり、プロセスの差がスピードの差となっているのです。

それまでの努力や経験の多寡によって能力差があったとしても、仕事の出来を左右するのは個々人の能力よりもプロセスです。言い換えれば、プロセス次第であなたの生産性を向上させることも、低下させることも可能なのです。

もちろん、それぞれのプロセスは、それぞれの理由があって成立しています。メールをすぐ処理するのが良いのか、時間のあるときにまとめて処理するのが良いのか、どちらが良いかは仕事の内容にもよるでしょう。

しかし、次に紹介するように、明らかに無駄なプロセスもなかには存在します。

気づかないうちに貴重な時間を無駄にしている

私が関わった改善活動の事例を紹介します。

メーカーに勤務するAさんは、伝票が添付されたメールを受け取って、一件一件を手作業でシステムに登録する仕事をしています。ところが伝票はいつでも受け付けているのに、なぜかメールが来るのは月末に集中していて、そのたびに残業が増えるサイクルが続いていました。それでも仕事が終わらないため、月末には手の空いている人に応援を頼んでいました。

改善活動が立ち上がったのをきっかけに、まずはAさんの今やっている業務を改めて書き出してみました。その際、そもそもなぜ月末に一気にメールが送られてくるのかを疑問に思い、前工程を担当しているBさんを訪ねてみました。これまでも聞いてみたいと思ったことはあったのですが、職場が離れているためになかなか会う機会がなかったのです。

Bさんによれば、職場のデータベースから一件一件伝票情報を取り出して、メールに添付して送信するという手作業が大変なので、ほかの業務が少ない月末にまとめてやるようにしているとのことでした。

「なるほど、それは大変ですね」とAさん。「ところで、なぜそんな面倒なことをしているのですか？　お話をうかがうと、もともとデータベースに入っている電子データなのだから、そのまま使うこともできそうに思います」

それに対してBさんが答えました。

「いや、かなり前になりますが、Aさんの上司がそうしてくれと言ってきたのです。なんでも承認処理の都合で、一件一件メールで送ってもらったほうがいいのだとか」

Aさんは驚きました。Bさんの言う上司はすでに異動していますし、承認処理も変更されて、現在はシステム上で行われるようになっていたからです。つまり、メールでのやり取りは、今では不要なものだったのです。

Aさんは、Bさんの部署のデータベースを直接Aさんが参照することはできないかと尋ねました。すると、機密情報の取り扱いルールを明確にすれば可能だろう、とのことでした。その後、Aさんは特別に許可されたメンバーとして、Bさんの部署のデータベースを参照できるようになりました。

これで、Aさんは月末に仕事を溜め込むことなく、いつでも好きな時に伝票処理ができるようになりました。それだけではありません。Aさんの行っていたシステムへの入力作業も、データベースからそのまま情報を読み取るように自動化することもできました。

最終的に、Bさんのやっていたメールへの伝票添付や、Aさんのやっていた伝票の手入力といった人手による作業は不要になり、不可避的に発生していたミスもなくなり、仕事の生産性と品質が大幅に改善しました。

これまで最長で1カ月掛かっていた伝票処理がすべて6時間以内で終わるようになったので、工数もリードタイムも品質も劇的に改善して、関係する誰もが大喜びする結果になったのです。

このように書くと、それまでとても無駄な作業をしていたように感じられますが、実際に渦中にいる人はなかなかその無駄に気づかないものです。あなたの仕事に、このような無駄はないと、自信を持って言えますか？

プロセスに潜む問題は見つけにくい

生産性が上がらないのはあなたの能力ではなくプロセスの問題である、というと、たいていの人がほっとして、会社の業務プロセスのどこに問題があるのかと、原因探しを始めます。

ただし、そのように周囲を見渡してすぐに目に付く原因は、たいてい本当の原因ではありません。

例えば、先ほどの例で言えば、Ａさんは当然「月末にまとめてメールを送ってくるＢさんが問題だ」と思っていたはずです。「Ｂさん」という「人」が原因である、と。しかし、ＢさんにはＢさんの理由があり、ただちにそれが悪いということではありませんでした。実際に、ＢさんはＡさんの上司に指示された命令に忠実に従っていただけであり、問題はまったくありません。また、Ａさんの上司の指示も、当時は妥当なものであり、それだけが原因と言うことはできません。

プロセスになんらかの問題があったとしても、直感で原因を見つけることは困難です。ですから、よく会社で問題が生じたときに起こりがちな「犯人探し（悪いのは誰だ？）」には、あまり意味がないのです。仮にそれで「犯人」が見つかって、その人に気合いを入れさせ一時的に問題が解決したように見えても、長続きしなかったり、異動によって問題が再発したりするでしょう。

例えば、営業の人はなかなか営業成績が上がらないときに、さまざまな「原因」を考えます。

――自社の製品やサービスの競争力がない。競争力がないのは品質に比べて価格が高いからだ。価格が高いのは社内に無駄が多くてコストが掛かり過ぎているからだ。開発部はものにならない製品やサービスに入れ込み過ぎてはいないか。毎日の日報は誰もろくに見ていないのに記入する場所ばかり多くて時間の無駄だ。コスト削減のために古いパソコンを使わせられて不便なことこのうえない。というか、毎週の会議が長時間で内容が薄いのはどうにかならないか。残業するなって言うけれど、事務仕事は夕方以降にしかできないし、成果を上げろというなら残業くらい存分にさせてほしい。部長の説教が短くなれば時間ができるんだけどな。エトセトラ。

　これらの、思いつきの「原因」には、それぞれを精査してみればなかには当たっているものもあるでしょう。しかし、それぞれの「原因」となっている人にインタビューしてみれば、そちらにも言い分があるものです。日本の古いことわざにも「盗人にも三分の理」とあるくらいで、完全に悪い「犯人」などいません。ましてや、まじめに続けてきた業務では、一見して非効率的なものでも、ほとんどの場合、その人やその部署なりの、合理的な理由があるものなのです。

先ほどの例でも分かるように、本当に「原因」を探って改善しようと思えば、調査と分析が不可欠です。思いつきや思い込みだけで、真の「原因」を見つけることはできません。また、仮に上司や他部署やあるいは経営陣が「原因」の一端を担っているとしても、あなたが働きかけることが困難であるならば、効果的な対策につなげていくこともできないでしょう。

極端な例として、経営トップの汚職が明るみに出て、会社の株価や評判やブランドイメージが下がって大変な状況になっているとしましょう。経営陣や取締役会を責めるのは簡単ですし、正論ですが、それで生産性が上がるわけではありません（責めるな、というわけではなく、実効性について述べています）。

仕事の成果を上げることに着目するのであれば、自分の手でどうにもならない「原因」はひとまず脇に置いて、自分から働き掛けていけることに集中するべきです。

あなたの「こだわり」が生産性を下げている

しかし、自分から働き掛けていける範囲で発見できて取り除けば、生産性を劇的に改善できる「原因」なんてあるものでしょうか。

実は、驚くほどたくさんあるのです。

25年以上も業務改革とプロセス改善に携わってきている私ですら、いまだに自らの仕事の中に、毎日新たなプロセス改善の種を見つけることができます。

その理由の1つは、仕事をしていれば当然、日々、環境の変化があるからです。先ほどの事例でも分かるように、その当時は最適化されたプロセス（伝票を一件一件メールに添付して送る）が、いつまでも最善のプロセスというわけではありません。環境が変われば、当然、プロセスも変わって然るべきです。

しかし、人間には惰性というものがあって、慣れ親しんだ習慣を簡単に変えることはできません。というのも、人間の行動もまたプロセスに合わせて最適化されているので、プロセスを変えることで、行動の変化を強いられることにストレスを感じるからです。

例えば、それまでパソコンのオペレーティングシステムとしてWindowsを使い慣れていた人間が、生産性向上のために明日から別のオペレーティングシステムであるmacOSを使えと言われるような状況を想像してみましょう。まず、標準マウスにボタンが1つしかないので、右クリックによる操作がすべて使えなくなります。標準キーボードの配列も、ショートカットキーも異なるので、仕事の速度が遅くなります。慣れてしまえば、WindowsもmacOSもできることはたいして違わないのですが、最初は大きなストレスを感じることでしょう。

人間には、多少の不便があっても、できればそれまでのやり方を変えたくないという習性があります。

あなたやあなたの周りにもそのような習慣は見られないでしょうか。

例えば、メールのほうが便利だと分かっていても、頑なにファックスを使い続けている人や会社はありませんか？

無線のほうが便利と分かっていても、使い慣れているもののほうが信頼できるといって、マウスやキーボードやイヤホンやＬＡＮを有線のままにしている人はいませんか？

年配の方の中には、スマートフォンを嫌って、ずっとガラケーを使い続ける人もいます（もちろん、それで不便がなければ何を使うかは個人の自由です）。

キャッシュレスはなんとなく怖いといって、クレジットカードやポイントカードがあるのに小銭で膨らんだ財布を持ち歩くのも、10年後の人々からは笑われるかもしれません。

このように、私たちは自分自身で変えられる行動や習慣ですら、そのプロセスをなかなか改善しようとはしません。

仕事においても、そのようなことは探せば見つかるものです。

面倒だからといって、デスクの上を整理せずにいて、いつも書類を探している人はいないでしょうか？

パソコンのデスクトップの上もぐちゃぐちゃで、時々、目的のファイルが見つからず（ファイル名もあやふやで検索することもできず）、困っている人はいませんか？

受け取ったメールはすべて受信箱に溜めっぱなしで、確かに受け取ったはずのメールを探せずにいる人は？

スマホがあるのにスケジュールだけは紙の手帳を使っていて、その手帳をうっかりなくして蒼白になった人は？

胸に手を当てて考えてみれば、習慣を変えるのが面倒なばかりに、効率の悪い仕事のやり方がそのままになっていることは結構あるものです。

まずは、これらの「無駄」を潰すことから考えてみましょう。

プロセスにおける「無駄」を潰すといっても、やみくもに「無駄」に見える部分を潰していくと、プロセスの他の部分に弊害が出てしまいます。

例えば、検品に時間が掛かっているからといって、検品を省略してしまったら、生産速度が上がって短期的には売上が伸びるかもしれませんが、歩留まりが悪くなって返品が増えて、長期的には売上不振を招くかもしれません。

このように、複雑なプロセスの「無駄」や「非効率」の原因を見つけて、最適な改善策を導くために編み出されたのが、プロセス思考です。

［第2章］

ムダがなくなる・ミスが減る・ヒトが動く 業務改革に必要な「プロセス思考」とは

そもそも「プロセス」とは何か

本書のタイトルにある「プロセス」について、皆さまはどのようなイメージをお持ちでしょうか。

これまで「プロセス」をテーマに多数のセミナーを行ってきた経験から言えば、たいていの方は「プロセス」について漠然としたイメージしか持っていません。

もちろん「プロセス（process）」は、大学受験向けの英単語帳には必ずと言っていいほど入っている重要単語です。ですから「プロセス」＝「過程」と逐語訳で理解している人も少なくないでしょう。

でも「過程」といっても、漠然としていますよね。一体、何から何までの「過程」なのか。そこが問題です。

家庭で炊事に携わる方やお酒が好きな方は、日本でよく売られているチーズのパッケージに「プロセスチーズ」と書かれていることをご存知かもしれません。ここで使われている「プロセス」とは、牛乳から直接作るナチュラルチーズを、加熱殺菌して長期保存できるように加工する「プロセス」を指します。

つまり「プロセス」とは、なんらかのモノや情報を、別のモノや情報に変換するまでの「過程」を指すものです。

仕事というのは、まさに「プロセス」なのです。

製造業は、原料を製品に変換する「プロセス」を行うものですし、流通業はA地点にあるものを、B地点にあるものへと変換する「プロセス」です。私たちの仕事はすべて、何かに価値を加えてお客様に届ける「プロセス」であると言い換えることができます。

そう考えれば、「プロセス」とはまさに「仕事」そのものであると言うことができるでしょう。私たちが「仕事」をするとは、さまざまな「プロセス」を積み重ねることでもあるのです。

このとき「プロセス」の中身が、仕事の生産性や品質を左右することにお気づきいただけるでしょうか。

例えば、福岡から東京まで届けたいものがあるときに、飛行機を使うのか、鉄道を使うのか、それとも車を使うのかで、掛かる時間は大きく変わってきます。

もちろん、生産性や品質の要素は時間だけではありません。それぞれの手段に掛かる手間やコストは異なりますし、誰に頼むのかが大きな要素になることもあります。急ぎのものでなければ定期便が来るまで待ってもいいですし、説明が必要なものは自分で届けなければならないかもしれません。

このように「プロセス」の中身はさまざまに考えられますが、いずれの手段を取るにしても「プロセス」そのものがなくなることはありません。そして、どのような「プロセス」を選ぶかで仕事の効率は大きく異なってきます。

では「プロセス」とは一体何か。私は「入力《インプット》を出力《アウトプット》に変換する一連の手続き」と定義しています（図表1）。

「入力」と「出力」というのも、日常生活ではあまり使わない言葉ですが、意味はお分かりいただけるでしょう。

例えば、あなたが顧客の話を聞いて、要点をメモにまとめて上司に報告するとしましょう。これは、耳で聞いた話が「入力」で、手でまとめたメモが「出力」で、その間にあなたが行っていることのすべてが「プロセス」です。

[図表1] プロセスの定義のイメージ

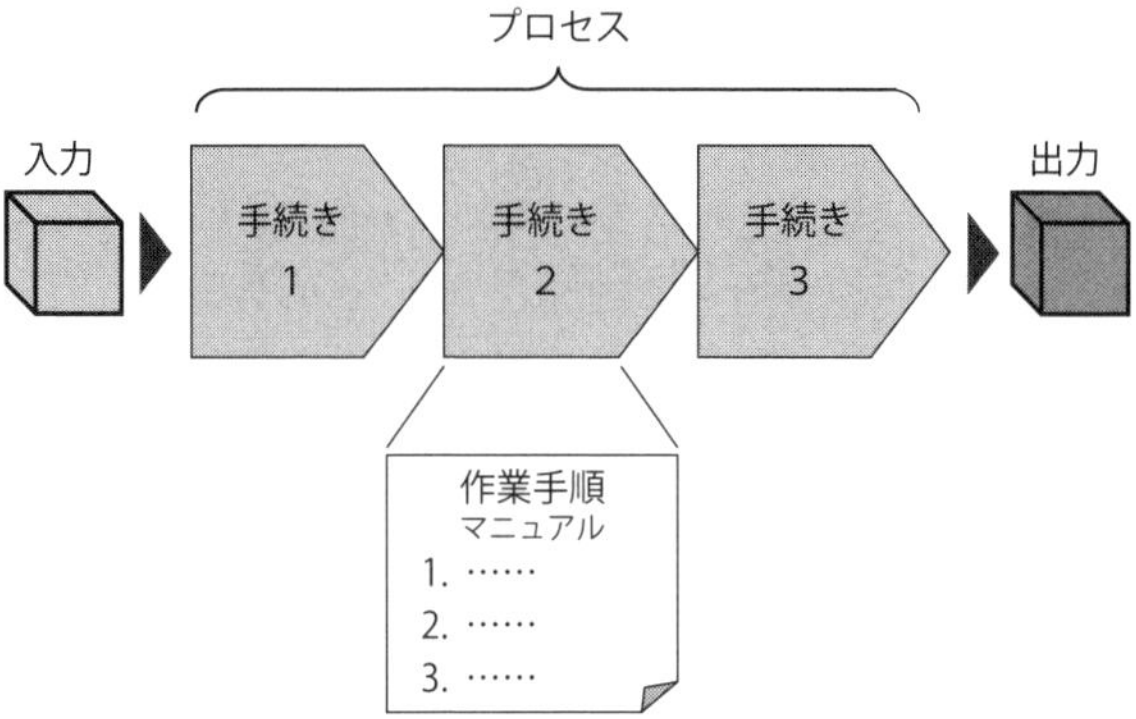

顧客の話を聞いて、上司に報告するべき要素をピックアップして、それを分かりやすく文章にまとめるだけの簡単な仕事ですが、プロセスが違えばできあがったものは微妙に異なってきます。

ある人は「顧客の今後の計画」に焦点を当てて、将来の需要予測をするかもしれません。また、ある人は「顧客の好み」に焦点を当てて、適切な商品の選択に注目するかもしれません。同じ話を聞いても、人の思考回路にはそれぞれくせがありますから、プロセスも異なり、成果物にも違いが出るのです。

もし成果物のばらつきをできるだけ小さくしたければ、プロセスをさらに細分化して一つひとつ定義することが必要です。

例えば「顧客と世間話をしながら、本音の悩みを聞きだす」→「その悩みを解消できる自社の商品を探す」→「自社の商品で顧客の課題を解決するストーリーを作る」→「作り上げたストーリーをメモにして上司に報告する」という「プロセス」にしておけば、毎回の「出力」のばらつきは少なくなり、成果物の品質がそろってきます。

このように「プロセス」とは、細かい粒度で定義することで、仕事の質を高めることができるものです。

別の言葉で言えば「マニュアル」と表現することもできるかもしれませんが、現実に世の中に存在する「マニュアル」には、「入力から出力までの一連の手続き」が漏れなく記述されていないこともあります。

また「マニュアル」というと、紙に印刷された作業手順書をイメージすることが多く、「プロセス」の豊かな意味合いをすべて表現することができません。

それに「マニュアル」という言葉には、指示されたことしかできない「マニュアル人間」などのネガティブな響きが付いて回ることもあります。

そこで私は、より意味合いが広く、抽象的な概念である「プロセス」という言葉を積極的に使うようにしています。

実際、プロセスを記述するためには、入力から出力までに至るすべての手続きを連続したものとして表現する必要があります。関連する手続きを箇条書きにしただけのリストではプロセスにはなりません。前の段階の手続きにおける「出力」がすなわち、次の段階の手続きの「入力」にそのまま当たるように漏れなく洗い出すことが、ゆくゆくは漏れなくプロセス改善をするための重要な土台となるのです。

プロセス思考とは

プロセス思考とは、仕事がうまくいっているかどうか、改善点がないかどうかを判断するときに、結果や人よりも「プロセス」に着目するような考え方を指します。

プロセス思考〝ではない〟考え方の場合、例えば仕事の結果が良かったときに、その結果だけを見て評価したり、担当者が「うまくやった」からだと人を評価したりするだけになりがちです。

［図表2］

仕事の結果だけを見て
叱る上司と言い訳をする部下

仕事の結果を改善するために、
プロセスを見る上司と部下

しかし、同じ担当者が同じような仕事に取り組んだとしても、良い結果にならないことがあります。結果や人だけを見ていると、そのような現象をうまく説明できませんし、どこが良くてどこが悪かったかを分析することもできません。つまり、良い結果を再現することができないのです。

逆に結果が悪かった場合には、担当者を呼んで叱りつけたり励ましたりして、やる気を出させようとしますが、「やる気」以外の原因で失敗している場合にはやはり効果が持続しません。仕事の結果が悪いのには、さまざまな原因や理由が考えられるものですが、プロセス思考〝ではない〟考え方をしていると、そこに気づくことが難しいのです。

問題が生じると原因分析をせずに犯人探しを始めたり、結果に一喜一憂してその改善方法を担当者任せにしたりしても、その後の結果が継続的に良くなることはありません。目標を達成できなかった部下に対し、上司が「お前、何をやっているんだ」と叱り飛ばすことはまったく「管理」とは言えません。ただのヒステリーです。

上司と部下が対峙していがみあうのでなく、二人で一緒に同じプロセスを見ながら考える。そして、より良い組織を作るための知恵をプロセスに加えていく。これが「プロセス思考」の基本的な考え方です。

では、プロセスを見る「プロセス思考」には、どのような良いことがあるのでしょうか。

結果だけでなく、プロセスを継続的に見ていると、例えば、製造現場での品質問題の気づき報告（もう少しで事故につながるところだった「ヒヤリ・ハット事例」）が増えているなどといった状況に気づくことがあります。

この場合、原因は分からないものの製造現場での品質低下が考えられますから、どの部分に問題があるかをさらに深く調べることで、品質事故を未然に防ぐことができます。

あるいは、現場の定点観測をしていると、特定の作業や特定の人の工数が大きくなってきていることに気づくことがあるかもしれません。その場合はその作業やその人になんらかの問題が発生している可能性が高いでしょう。ヒアリングなどを行うことで、すみやかに改善を図ることができます。

このように、プロセス思考を使えば、プロセスに目を向けることで問題が大きくなる前に手を打つことができるようになります。

仕事で先手を打ち、効果を持続させるためには、プロセスに目を向けるプロセス思考が欠かせません。

プロセス思考のメリット① 目的が明確になるからムダがなくなる

プロセスを「入力から出力までの一連の手続き」と定義した場合、仕事における行動のすべては「プロセス」になります。

しかし、もし仕事がすべて「プロセス」であれば、わざわざ「プロセス」という名前を付けて取り上げる必要はどこにあるのでしょうか。

「プロセス」が重要なのは、たとえ「入力」が同じだったとしても、その「プロセス」の中身次第で、「出力」（仕事の成果）や、「出力」を得るまでの効率が大きく異なってくるからです。

例えば、顧客に御礼のメールを送るという業務があったときに、「まず名刺入れを取り出して顧客のメールアドレスを入力する」→「文面を考えながら入力する」→「隣の席の同僚に画面を見せて文面をチェックしてもらう」→「送信する」という「プロセス」と、「ＰＣに登録してあった顧客のメールアドレスを読み出す」→「あらかじめ用意されている御礼文の雛形を読み出す」→「定型文に自由作文を書き加えて御礼メールを作成する」→「送信する」という「プロセス」とでは、仕事に掛かる時間がまったく違います。後者のほうが圧倒的に効率的でしょう。

もちろん、定型文では心がこもっていないから、前者のほうが良いという人はいるでしょうし、相手によっては手書きで手紙を送らなければならない場合もあるでしょう。ここでは、どちらが「良い」とか「悪い」とかといった価値判断はしません。ケースバイケースで、前者が良い場合も、後者が良い場合もあるからです。

どのような「出力」が望ましいのかという目的を明確にし、その目的に合った「プロセス」を選ぶべきです。

「仕事」には明確な目的が設定されているはずであり、その目的に合致した「良いプロセス」が決まることになります。目的が明確でなければ、プロセスの良し悪しを考えることすらできません。プロセスの良し悪しは、目的に照らして決まります。

では仕事の「目的」とはなんでしょうか。

プロセスの定義は「入力を出力に変える一連の手続き」ですが、ここで「入力」と「出力」との間にどのような変化が加わっているのかといえば、なんらかの価値が付与されているのです。ビジネス用語でいえば「付加価値」ですね。

この「付加価値」が、目的に照らし合わせて大きいか小さいかで、プロセスの良し悪しが判断できます。ですから、プロセスを設計する際には、常に「出力」を受け取る相手にとっての価値が大きくなるように考えます。

先ほどの例で言えば、御礼メールを受け取る相手が、忙しい人で常に合理的に物事を判断するようであれば、定型フォーマットを使って一刻も早くメールを送ってあげるほうがうれしい（価値が高い）でしょう。逆に、担当者との個人的な親密さを求めている相手であれば、多少時間が掛かったとしても相手が喜ぶようなメールを、頭を使って考えて書いたほうが良いでしょう。

なお、相手にとっての価値が同じなら、手間やコストが少ないプロセスの方が効率の良いプロセス、すなわち生産性の高いプロセスということになります。

このように、仕事の「目的」に応じていくつかのプロセスをあらかじめ策定しておき、それに従っていけば、無駄がなくなって仕事の生産性が向上します。

プロセス思考のメリット②　原因が見えるからミスが減る

プロセスに沿って考えると、「できているつもりでいたけれども、あまりうまくいっていなかった原因を発見する」ことができます。

例えば、あなたが毎日、上司に向けて日報を書いていたとします。基本的には滞りなく業務を済ませているのですが、時々その日のうちの提出を忘れて、注意を受けることがあります。これは、日報提出の「プロセス」になんらかの問題があると見ることができます。

では、どのような時に問題が起きているのか。

会社で仕事をしているときには、帰宅前に必ず日報を書く習慣が付いているので問題はありませんでした。しかし、取引先に訪問して直帰するときなどは、いつもの習慣と異なるために、忘れてしまうことがありました。

これを「習慣の違い」と片付けてしまっては、日報提出を忘れてしまう原因を見つけることができません。そこで、「一日の仕事が終わってから、帰宅するまで」の「プロセス」に、どのような違いがあるのかを確認してみましょう。

会社にいる時は、どのような「プロセス」になっているのか。

手順を一つひとつ追って考えてみると、会社にいる時には常にパソコンが起動している状態で、最後にパソコンをシャットダウンしようとすると、日報を書くように自動でアラートが出る設定になっていました。

一方で、外出していて直帰する「プロセス」には、日報を書くように促す仕組みが組み込まれていませんでした。ここに原因があったわけです。

そこで、パソコンをシャットダウンする前だけでなく、スマートフォンのスケジューラーで取引先への訪問が終わる午後7時にアラートを設定して、日報を書くように自分自身に促すことにしました。もしすでに書いている場合はアラートを無視することにします。このような二段構えの「プロセス」にしたことで、直帰する場合の「プロセス」にも日報を書くよう促す仕組みが組み込まれ、日報の提出を忘れることがなくなりました。

以上のように、漠然と「習慣の問題」と思っていたことでも、「プロセス」に沿って一連の手順を一つひとつ確認していくことで、どこに原因があるのかを明確にすることができます。

仕事における「プロセス」に着目するとさまざまなメリットがありますが、私は「失敗を繰り返さない」というのが最も大きなメリットだと思います。

例えば、メールの宛先を間違えて送ってしまうというのは、誰もが犯しがちなミスです。しかし、このような凡ミスは「送信前にもう一度宛先を見直す」といったひと手間を「プロセス」に加えるだけで、ほぼ100%防ぐことができます。

プロセス思考のメリット③　実行できる形になるからヒトが動く

ここまで読んで、疑問を感じた人がいるかもしれません。

なにも仰々しく「プロセス」の策定などと言わなくても、すでにほとんどの人は頭の中で、日々「プロセス」を作って実行しているのではないか、と。

確かに、その通りです。

人は毎日の生活において起こりうることを限定したうえで、少なくとも当面は有用な「型」を選択して行動しています。

先ほどから例に挙げているように、営業ルーティン、取引先へのメール作成、伝票処理など、人は仕事をパターン化してとらえて、意識的に、あるいは無意識に「プロセス」化を行っています。

このように、人は日々なんらかのプロセスに従って生きていますが、それが意識的に実行される業務プロセスであれ、無意識に実行される習慣であれ、目に見える形になっていることは少ないものです。

しかし、あなた一人が、誰とも関わることなく、個人的に行っている仕事であればともかく、誰かと一緒に協力しなければならない仕事、いずれほかの誰かに引き継がなければならない仕事であれば、その「プロセス」を見える化する必要があります。目に見える形になっていないものは、共有することも、引き継ぐこともできません。

「プロセス」は「一連の手続き」なので、抜けているところがありません。ルールやガイドラインと異なり、いつ、どのような順番で実施すれば良いのか、迷うこともありません。そのため、プロセスに沿って手続きをすべて具体的に見える化すれば、そのプロセスを誰でも実行できるようになります。

「プロセス」が共有できていれば、緊急の用事ができても、ほかの人が代行しやすくなります。また、異動の際にも、担当業務の引き継ぎが容易になります。業務を助け合い、人材の適材適所の配置を行いやすくなるのです。

例えば、上司が緊急入院したから代わりにお客さんのところへ挨拶に行ってほしいと言われたとしても、突然のお願いでは何をしてよいか分かりません。しかし「挨拶」とはどのような「プロセス」なのか、具体的にマニュアルが用意されていれば、それに従って当面の業務を回すことができるでしょう。

このように「プロセス」とは、ヒトを動かす実行力をも持つものです。

プロセス思考で毎日の炊事を考える

誰かと一緒に行っている仕事はもちろん、例えあなたが一人で行っている仕事であっても「プロセス」の策定は有用です。

なぜならば「プロセス」の策定に当たっては、自分が普段行っている仕事の中身を棚卸して、客観的に眺めることが必要になるからです。そのように客観視することで、自分の仕事に欠けているものや、効率の悪いところなどが見えてきます。

炊事を例にとってみましょう。ここで、あえて炊事を取り上げるのは、会社における個々の仕事の具体的な例よりも普遍性があって、誰もが中身についてよく知っていて、共感できる事例だからです。

さて、毎日の炊事がプロセスだとして、プロセスには必ず目的が必要です。炊事の実行に当たってどのような目標を立てているかは、個々の家庭によって微妙に異なります。ここではごく一般的に「健康的で、おいしくて、安い」という目標で考えてみますが、それだけでは目標として不十分です。実は、炊事は意外と大変で、家族の個々のメンバーの好みを考慮して「全員が残さずに食べられる」ものを考えなければなりません。さらに、いくら好きだからといって同じメニューばかりでも飽きてしまいますから「毎日、飽きずに食べられる」ことも大切な目標です。

　このように、さまざまな目標を達成させなければならない場合、紙に書き出して見える化しないと、時々漏れや抜けが出てきてしまうものです。チェックしていたつもりでもうっかりして、「今日は給食もカレーだったよ」と、夕食の席で言われてしまうのは避けたいものです。

　また、炊事はキッチンに立って作るところから始まるものではありません。それ以前に、献立を検討して食材を購入するプロセスがあります。忙しい毎日のなかで、スーパーを回って食材を購入し、漏れなく使い切るように献立を考えて「冷蔵庫に何が残っていたかしら」、「昨日の残りのシチューはいつ消費したらいいかしら」などと考えるのも大変です。食材をそろえて調理を始めてからも、無駄のないプロセスの策定は非常に困難です。料理というものは、火を加える時間、調味料の量、手順などがある程度決められているものであり、うっかり加熱し過ぎたり、塩を加え過ぎたりすると、咀嚼困難な代物に仕上がる危険性があります。

そのため、仕事のできる主婦（夫）は、いくつもの料理を並行して手早く作りながら、それぞれの手順に掛ける時間を頭の中で計算し、なおかつ、できあがった料理を冷めないうちに家族の腹の中におさめるために、子どもたちが今何をしているかまで気にしつつ、臨機応変に「プロセス」をこなしていくものです。

これらは、毎日の炊事を長年務めてきた練達の主婦（夫）であれば、自然と身に付くものかもしれませんが、経験がなくてもできるようになるための方法が「プロセス」化です。

もちろん、ひとくちに炊事と言っても、そのやり方は人によってさまざまですから、「プロセス」の策定方法も1つではありません。

ある家庭では、献立の検討や調理、配膳、食器洗い、買い物を妻・夫・子どもの間で役割分担することを取り決めました。このように複数の人が関わる「プロセス」においては、どのような手順でどんなタイミングで連携して実行するのかまで決めて習慣化しないと、なかなかうまく機能しません。きちんとルール化しなかったばかりに、「後片付けはあなたがやるって言ったじゃない！」、「仕事が遅くなったときはできないって言っただろ！」と喧嘩するのは避けたいですね。

また、別の家庭では、カロリーや栄養バランスを最も重視する目標として決めて、どのような栄養を摂取しなければならないかのルールを策定しました。しかし、人間の頭はすべてを覚えていられません。毎日の献立を記録したり、その記録を献立を検討するときに参照したりするなどをきちんと「プロセス」に組み込んでおかなければ、だんだんと同じようなメニューばかりになって、栄養バランスの重視は形骸化します。

同様に、安さを重視して食事に掛ける費用のルールを決めても、毎回掛かった費用を記録して集計して分析しなければ、一時的に効果があったとしても、長期的な観点で費用の減少にはつながりません。また、食費や食材について家計簿に詳細なデータを記録しても、集計ソフトウェアがなかったり、集計結果を分析するスキルがなかったりして、毎月のプロセスの中で活かされるようになっていなければ、宝の持ち腐れになるでしょう。

逆に、料理の腕前を上げるために料理教室に通って、包丁の使い方やフライパンの返し方など個別のスキルを磨いても、その技術が「プロセス」のなかでどのように活かせるかを考えなければ無駄になります。

目標が先にあって、そのための「プロセス」を考えるなかで必要なスキルであれば取得する意味がありますが、目標も「プロセス」もなしに身に付けたスキルは、使い道がないのです。極端なことを言えば、家で寿司を握ることがないのに、寿司の握り方を一生懸命学んでも、ほとんど意味はないでしょう。同様に、いくらすばらしい調理器具を手にしても、プロセスのなかでどう使うのかが明確になってなければ、無駄な投資になるでしょう。

このように、目標を立てて、それに合わせた「プロセス」を考えることは、自分の仕事にとって何が必要で何が必要でないのか、あるいは何が重要で優先順位が高いのかを客観的に把握することにつながるので、非常に有用です。

ここまで見てきたように、炊事は非常に多くの要素からなる複雑な「プロセス」です。プロセスの定義は「入力を出力に変換する一連の手続き」でしたので、これを手続きの順番に並べて目に見えるように表してみましょう。いろいろな要素がスッキリと整理されて伝わりやすくなったのではと思います。

[図表3] 炊事のプロセス

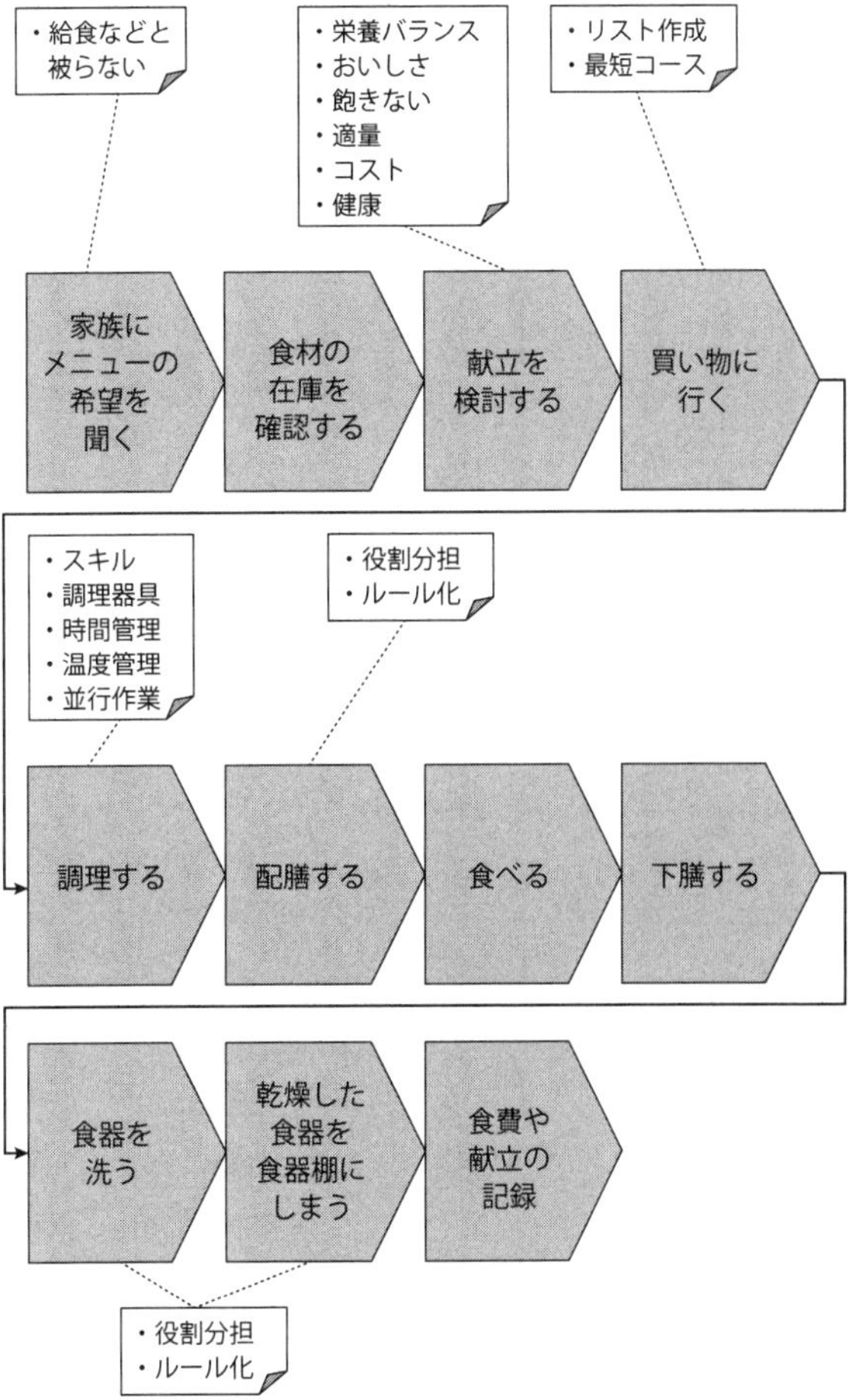
・給食などと被らない
・栄養バランス
・おいしさ
・飽きない
・適量
・コスト
・健康
・リスト作成
・最短コース
家族にメニューの希望を聞く
食材の在庫を確認する
献立を検討する
買い物に行く
・スキル
・調理器具
・時間管理
・温度管理
・並行作業
・役割分担
・ルール化
調理する
配膳する
食べる
下膳する
食器を洗う
乾燥した食器を食器棚にしまう
食費や献立の記録
・役割分担
・ルール化

経験を積んだ主婦（夫）であれば、このようなプロセスは頭の中に入っていて、十分に最適化されているでしょう。一方、家族みんなで協力して炊事をするのであれば、ちょっと手間でも、模造紙に描くなどして「プロセス」を目に見える形にし、そこに家庭でのルールを書き込み、共有すれば、誤解なく円滑にみんなで協力できるようになるでしょう。

なお、いきなり完璧なプロセスを描こうと思うと、めげてしまいます。最初は粗削りに簡素に書いてみるだけでも十分です。家族の状態や食事の目的に合わせてルールを加えたり、ちょっとしたトラブルや気づきがあれば注意事項を書き足したりして、少しずつ改善していけば、どんどん良い「プロセス」に鍛えられていくし、家族みんなでそのノウハウを共有することができます。

さて、今ここで、あなたの食生活を見直してみましょう。何かできていないこと、不足していることはありませんか。たいていの人は、野菜が不足していますし、詳細に書き出してみると、自分が想定していた以上に外食にお金を使っているものです。

食費や献立の記録を取り続ければ、さらなる改善のポイントも見えてくるものです。このような記録・集計・分析の手続きを、日常のプロセスに無理なく組み込んでいければ、生活をより効率的で健康的にしていくことができるでしょう。続けるコツは、最初から頑張り過ぎないことです。まずは簡素にプロセスを目に見える形にする。そして、何カ月もかけて、少しずつ改善していけばよいのです。

プロセス思考で仕事を全体最適化できる

二つ以上の担当業務や組織・部門を跨る仕事の場合、仕事に関わる人たちの動きを「プロセス」全体で最適化しなければなりません。そして、「プロセス」が目に見えるものになっていなければ、何が最適であるかを議論することも決定することもできません。

例えば、自社のウェブサイトを作るに当たって、指示をするディレクターと、コンテンツを制作するライターと、レイアウトを決めるデザイナーがいるとします。ディレクターが指示をして、ライターとデザイナーに一方的に伝えるだけであれば詳細な「プロセス」は必要ないかもしれません。

しかし、実際にはディレクターからの漠然とした方向性を受けて、ライターとデザイナーが作業したものを、さらにディレクターがチェックして修正指示をすることが多く、何度かのやりとりが発生します。それを、いついつまでに、どのような手順で、誰から誰へ送るなどと「プロセス」化していなければ、想像していなかったような手戻りや滞りが発生する可能性があります。

もしまったく「プロセス」が定義されていなかった場合、ディレクターとライターから別々に、デザイナーのもとへ相反する指示が届くかもしれません。

あるいは、ディレクターのもとに、デザイナーとライターからそれぞれ成果物が届くはずであったのに、片方の完成が2週間遅れたために、先に届いたものが2週間店晒しで放っておかれるといったことが起きるかもしれません。

このような、時間やコミュニケーションのロスが起きないようにするために、プロセスを目に見える形にして、関わるメンバー全員で共有することが必要です。

メンバー全員がプロセスを共有できれば、目的を明確に共有することができ、一連の手続きが漏れなく分かって実行しやすくなり、問題が起きた場合や非効率があった場合にもどこに原因があるのか探しやすくなります。

[図表4] ウェブサイトの制作を目に見える形にする

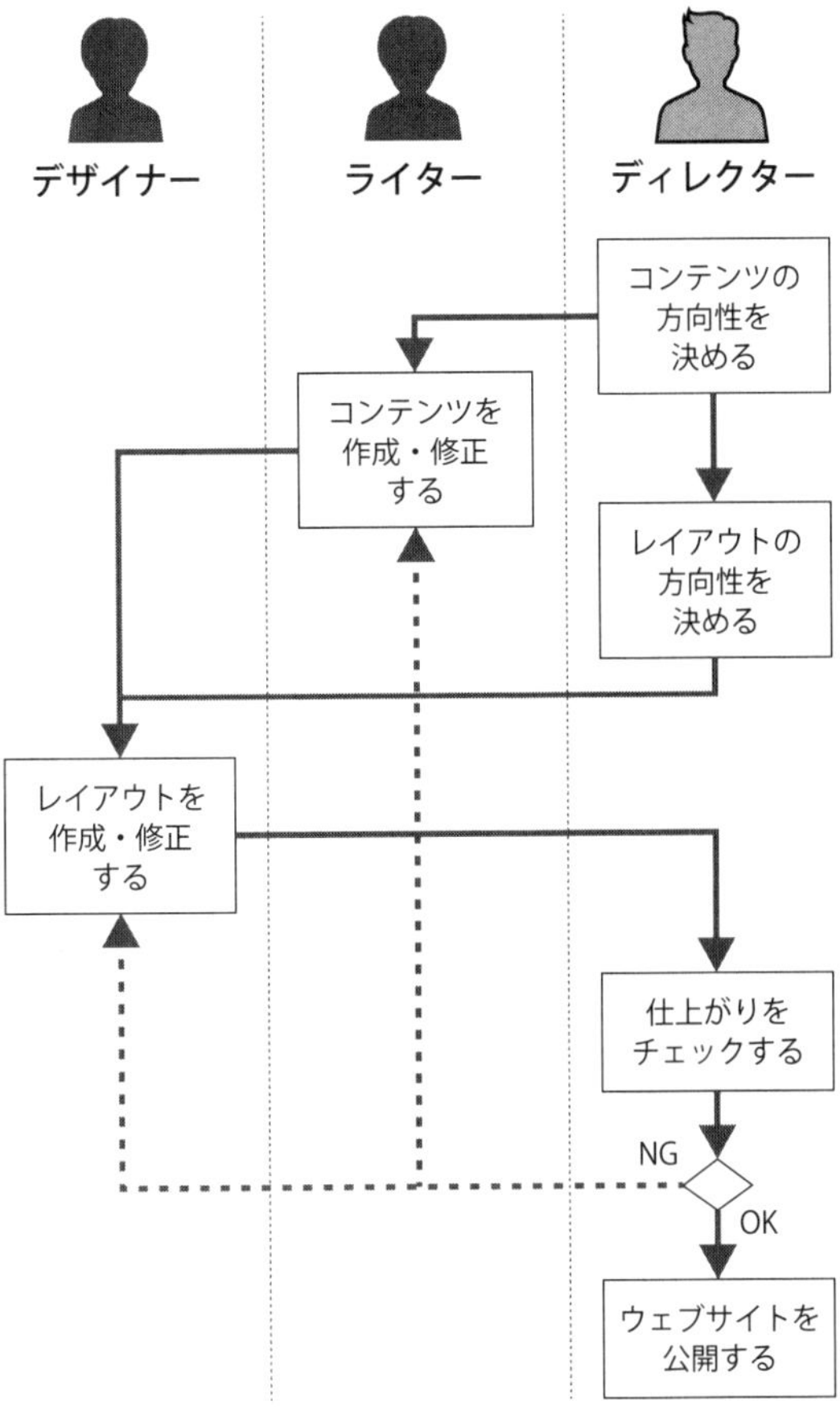

プロセス思考によってあなたの仕事は劇的に変わる

「プロセス」とは、「入力を出力に変換する一連の手続き」でした。つまり以下の3つの条件を満たしている必要があります。

- 「手続き」つまり、「実行」できることの連鎖である
- 「一連」つまり、漏れなく「原因」を洗い出せる
- 「出力」つまり、「目的」が定義されている

この3つの条件は、プロセス思考の3つのメリットと密接にかかわっています。家庭であれ会社であれ、日々の作業を「プロセス」で見ることで、大きく分けて3つのメリットを得ることができます。

①目的が明確になるからムダがなくなる

［図表５］プロセス思考で考えることのメリット

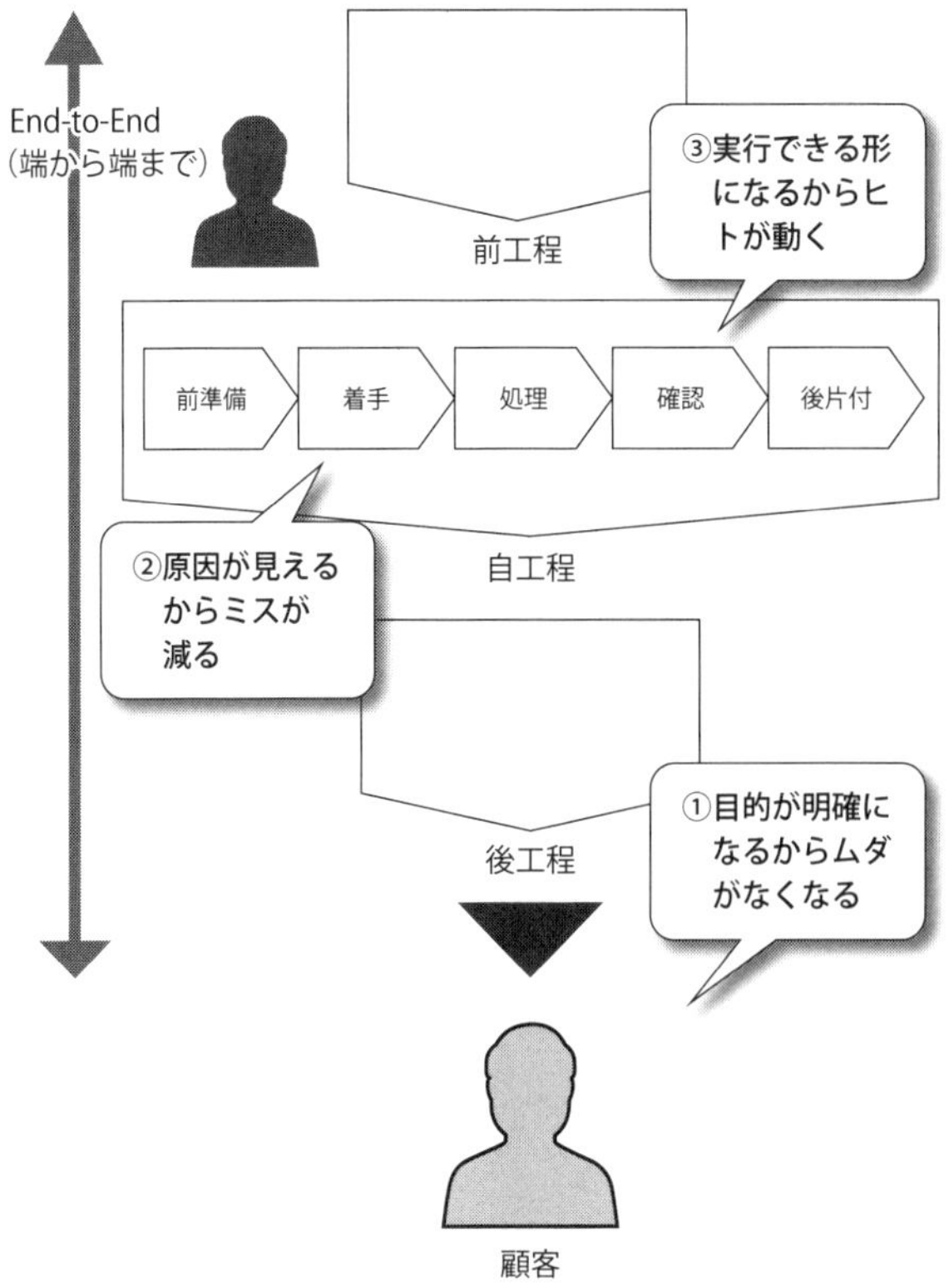

②原因が見えるからミスが減る
③実行できる形になるからヒトが動く

「プロセス」で考える力、つまり「プロセス思考」のスキルは、特別なものではなく、誰もが持っているものです。

実際、ここまで読み進められてきた読者の皆さまは、特に新しいことを学んだというよりも、すでに知っていることが整理された、という感覚をお持ちでしょう。

そして、「プロセス思考」をもっと意識的に使い、関係する人々の間で共有できれば、より大きなメリットが得られるようになりそうだと、感じていただけたかと思います。

無意識に誰もが使っている「プロセス思考」を、もっと積極的に意識して、自分以外の人の目にも見えるようにすることで、さまざまな副次的な効果が得られます。

「失敗を繰り返さない」というのもその1つです。また「全体最適化ができる」こともすでに述べました。さらに、周囲の人にあなたのやっていることが明確になって、共同作業が円滑にできるようになります。また、その結果として改善のアドバイスをもらえたり、スキルを継承したりできるようになります。

「目に見えるようにしたプロセス」は、記憶のなかで消えることがなくなり、チームや組織の力として生き続けることができます。

また、これまでは何度も起きていた失敗が繰り返されなくなり、改善ノウハウをどんどん積み上げていくことができます。

このような継続的改善をチームや組織の力にできていないと、これからの厳しい競争社会で、生き残るのが難しくなっていくでしょう。

［第3章］

仕事を見える化し、徹底的に改善「プロセス思考」7つのステップ

7つのステップとは何か

前章では「プロセス思考」のメリットについて説明しました。

しかし、メリットが理解できても、具体的にどのようにプロセス改善を進めればいいのかが分からないと、実行はできません。

そこで、本章ではどのようにプロセス改善をしていくかを説明したいと思います。といっても、読者の皆さまが日々こなしているさまざまなプロセスのすべてについて、具体的にプロセス改善の提案をすることはできません。ここで示すのは「プロセス思考を実践するための標準的なプロセス」です。

つまり、この「プロセス」に則って、あなたの抱えている個々のプロセスを見直してみると「プロセス改善」ができるよ、というものです。

本書では、この「プロセス思考を実践するための標準的なプロセス」を「プロセス思考の7ステップ」と呼びましょう（図表6）。

この「7ステップ」は、プロセスを効率良く改善するための推奨プロセスです。

［図表6］プロセス思考の7ステップ

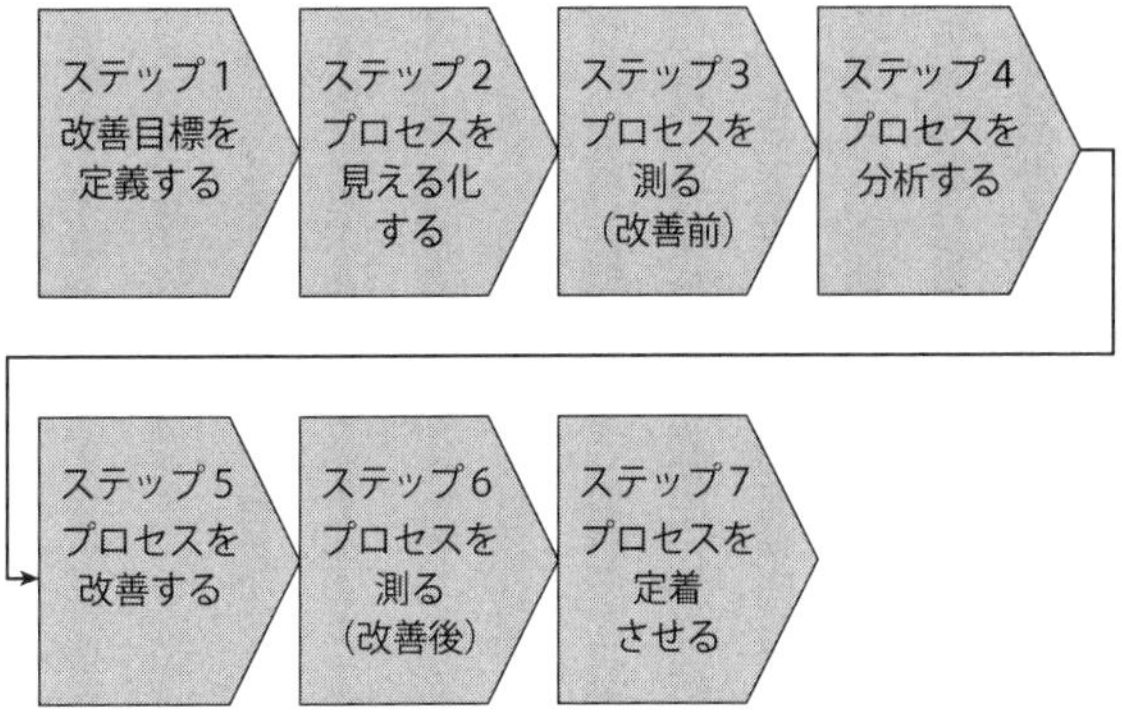

この「7ステップ」の手順に沿って一つひとつ進めていけば、あなたのプロセスをより良くする試みが、失敗しにくくなります。言い方を変えれば、そのような試みが失敗するのは、多くの場合、この手順に沿って進めなかったからなのです。

それぞれのステップを簡単に説明しましょう。

ステップ1　改善目標を定義する

まず、プロセスをより良くしようとするならば、改善目標の定義が不可欠です。改善目標がなければ、どのようにプロセスを良くするべきなのか、分からなくなって、途中で道に迷ってしまいがちだからです。

ステップ2　プロセスを見える化する

次に、まったく新しいプロセスを設計・創造することは滅多にありませんから、現状のプロセスを可視化・見える化して把握することになります。入力から出力までの一連の手続きを漏れなく書き出してみる。このステップが不十分だと、ここから先のすべてのステップが無駄になってしまうかもしれません。

ステップ3　プロセスを測る（改善前）

そして、現状のプロセスにどのような問題や課題があるかをあぶり出すための測定のステップに進みます。現状が事実としてどのようになっているのかを数値などで明確にしておかないと、ここから先のステップが感覚や記憶に頼った曖昧《あいまい》なものになってしまいがちです。

ステップ4　プロセスを分析する

測定ができたら、その結果を分析して、どこに問題があって、それはどのような原因から生じているのかをじっくり分析します。

ステップ5　プロセスを改善する

分析が終わったら、問題の主要な原因への対応策のアイデアを出し、最も効率の良い対応策を選んで、実際に改善した「プロセス」を試行してみます。

ステップ6　プロセスを測る（改善後）

分析や改善策が必ずしも十分とは限りませんから、その改善によってプロセスが本当に改善目標に達したかどうか、確認のための測定が再び必要です。もしも改善目標に達していなければ、分析や改善策の検討をやり直します。

ステップ7　プロセスを定着させる

改善手法が有効に機能していることが確認できたら、最後に、新しいプロセスを定着させることが必要です。せっかくの良いプロセスも、定着のための工夫を施さないと、いつの間にか忘れられて元に戻ってしまう、ということになりかねません。どんなに良いプロセスでも、実行が伴わなければ絵に描いた餅ですから、最後のステップが最も大切と言えるかもしれません。

2章の最後に、日々の作業を「プロセス」で見ることで得られるさまざまな効果・メリットは、「プロセス」の3つの大きな特徴に由来している、ということを述べました。

①目的が明確になる
②問題の原因を漏れなく洗い出せる
③分かりやすく、実行しやすい

ここで紹介している「7ステップ」も「プロセス」であるからには、この3つのメリットを持っています。そのことを確認しておきましょう。

「７ステップ」には、「改善目標」に向けてプロセスをより良くするという明確な「目的」があります。

そして、プロセス思考をどのような順番で使えばよいかを示すことで、プロセス思考を「実行」しやすくしています。

さらに、プロセス改善の最初から最後までの手続きを漏れなく示すことで、改善がうまくいかない場合の「原因」を見つけやすくしています。

３章では「プロセス思考」ってこうやって実践するんだ、という「型（フォーム）」をまず見ていただきます。そして４章で、この「型」をどう活かすのか、実践例を見ていきます。

スポーツでも試合の前に素振りなどの基礎訓練が必要ですし、ピアノでも演奏の前に正しい姿勢や指の形から教わります。基礎訓練や理論はちょっと難しく感じられるかもしれませんが、次の章からの具体例がグッと面白く読めるようになるので、ぜひ、しっかりと理解してから先に進んでください。

ステップ1　改善目標を定義する

「プロセス」には必ず目的があります。

例えば、取引先に電話を掛けて面談のアポイントを取るという事務的な作業1つ取っても、それが「営業の取っ掛かり」なのか「受注のクロージング」なのか、ただの「顔つなぎ」なのか、それとも「謝罪」なのか「感謝」なのかによって、取るべき態度や言動に違いが出てきます。慇懃《いんぎん》なほどに丁寧な手順を踏むべきなのか、いつもの要領で事務的に進めてもいいのか、まったく新しいアプローチを考えるべきなのか、目的に合わせて考える必要があります。

前にも述べたように、どんな「プロセス」であっても、その目的に合っていれば正しく機能していると言えます。逆に言えば「目的」が明確でなければ、プロセスの「良し悪し」を判断することができません。

プロセス改善において、最初に行うのは、「プロセス」の目的を確認したうえで、改善目標を具体的に定めることです。

例えば、毎日の大量のメール処理に悩んでいる人が、メール処理の「プロセス」の改善に取り組むことを考えてみましょう。このとき、「目的」が「メール処理時間の短縮」にあるのか、「メール活用のための整理」にあるのかで、改善方法はまったく違ってきます。

もし「メール処理時間の短縮」を目的とするのであれば、大量のメールを減らすために、メーリングリストから外れること、CCやBCCから外してもらうことを検討します。そして「改善目標」を「メール処理時間を一日当たり10分短縮する」などと具体化できます。

一方「メール活用のための整理」であれば、情報は多いほうがよいので、メールの量を減らすよりも、いかにフォルダ分けをするかが課題になります。そして「改善目標」を「フォルダ構成を見直して、メールの整理先を悩んだり探したりすることをゼロにする」などと具体化できます。

改善目標を定めるためには、以下の4ステップを踏みます（図表7）。

1．「理想の状態」を明確に描く
2．「現状」を正しく認識する

［図表７］改善のための目標の定め方

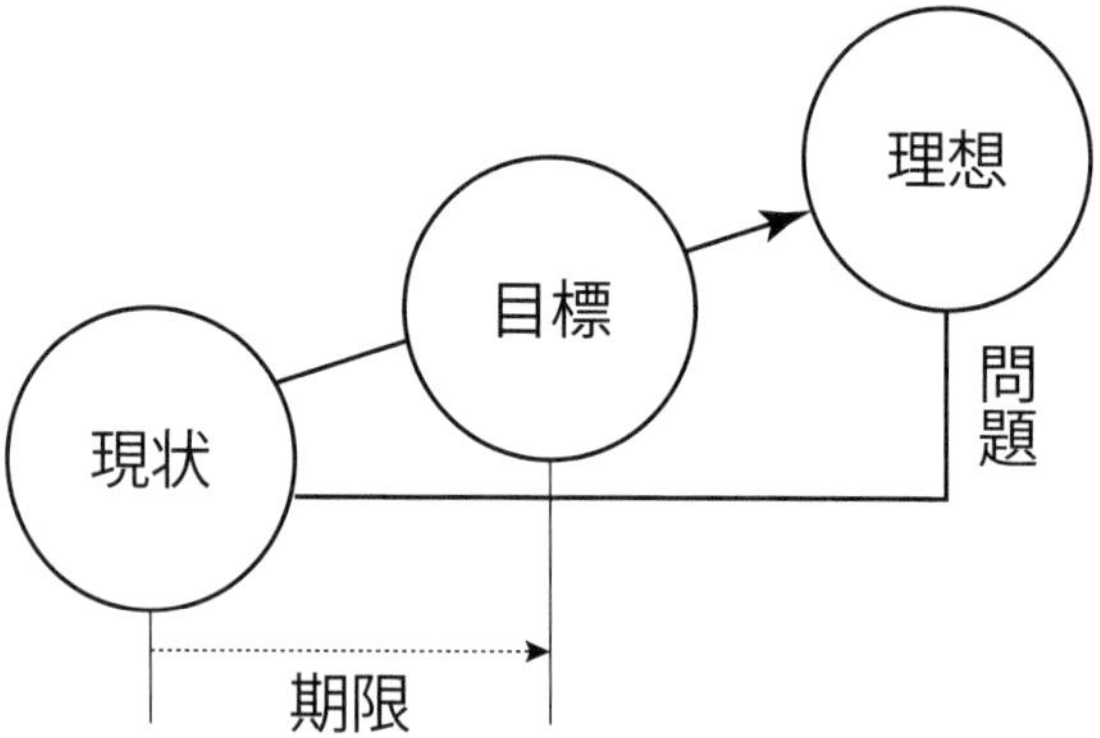

3．理想と現状のギャップ、すなわち「問題」を認識する

4．「期限」を決めて、どの程度の「目標」に至るかを決める

　このとき「期限」を決めることは必須です。もし「期限」を定めなかったとしたら、「目標」を立てたとしても、実現しないまま時間だけが経ってしまい、そのうちに「目標」が意味を失ってしまう危険があります。それに、「期限」を定めないなら、それはいつまでも理想を思い描いているだけであるのと変わりがありません。

　実際、多くの改善活動が失敗に終わる原因

に、「期限の欠如」が挙げられます。

仕事においては、顧客の要請・競合のスピード・外部環境の変化に関する正確な理解からくる「健全な危機感」によって、「いつまでに、誰が、何をやらねばならないか」が決まってきます。

しかし、このような「健全な危機感」が欠けている場合、「問題の先送り」が、組織のあらゆる階層で発生します。

例えば会社において、経営陣の「健全な危機感」が届かない人たちは、あたかも未来の自組織を、無限の問題を許容するゴミ箱であるかのように考えて、今やるべきことをやらないで済ませてしまいがちです。

こういう「緩み」が看過されていると、多くの改善活動が、どんどん延期され、立ち消えていくようになります。

これは、会社組織における仕事だけでなく、日々の生活における個人の場合でもまったく同じです。

「このままではいけない」という漠然とした問題意識を、「健全な危機感」にまで磨き、

「いつまでに、こういうふうになりたい」という、具体的な「期限」と「改善目標」に翻訳する必要があります。

さもないと、結局は日々の忙しさに紛れて、問題は先送りされてしまいます。

改善活動の最初に、「具体的にどの程度の目標を目指すのか」を決めるのと同時に、「なぜ、今、それに取り組まねばいけないのか」「いつまでに達成しなければいけないのか」という「期限」を、具体的に設定しましょう。「期限」は長過ぎても短過ぎてもいけません。例えば、私生活であれば1カ月、仕事であれば6カ月を目途に「期限」を決めて、成果が実感できるような「改善目標」を定めましょう。

改善の最初に「目標」と「期限」を決めることは、以降のすべてのステップの方向性と道筋を定める重要な行為です。

もし「目標」と「期限」がなかったとしたら、以降のステップで何を成したらよいかが曖昧なものになり、勝手な解釈や都合のよい言い訳が頻出することになりかねません。

一方で、改善を成し遂げるには、目標や期限だけでなく「改善をやり遂げる意志」も決定的に重要です。

プロセスの改善には多くの困難が伴います。それを乗り越えるには、「やり遂げる意志」が必要で、そのためにはまずあなた自身が目標や期限に完全に納得していなければなりません。

人に言われたからとか、本で読んだからとかではなく、あなたが自分の頭でしっかりと考えて納得できる「目標」と「期限」を決めてください。

そのためには、周囲の状況をよく観察し、なるべく広く情報収集することが大切です。自分の思い込みだけではなく、仕事であればお客さまの生の声や競合のスピード感、私生活であれば家族や友人の意見なども、しっかり聞きましょう。

そうすることで、「目標」と「期限」を、より深く納得することができますし、改善の成果が的外れに終わることを防ぐこともできます。

ステップ2　プロセスを見える化する

「目標」と「期限」が決まったら、次は、現状の「プロセス」がどのようになっているかを明確に把握します。

どんなに立派な「目標」を立てたとしても、「現状」の把握が正確にできていなければ、その差分である「改善」をいかに行えばよいかが分からないからです。

当たり前のことですが、目に見えないものは改善できませんし、測定もできません。

例えば、子どもが学校に遅刻しそうになることが多いので、起床から登校までの「プロセス」に無駄や非効率があるのではないかと仮定して、改善を試みる場合を考えてみましょう。

最も簡単な「プロセスの見える化」は、連番を付けて箇条書きで記述することです。

1. 起床
2. 洗顔と着替え
3. 朝の勉強
4. テレビをつける
5. 朝食と下膳

［図表8］プロセスを図表で見える化

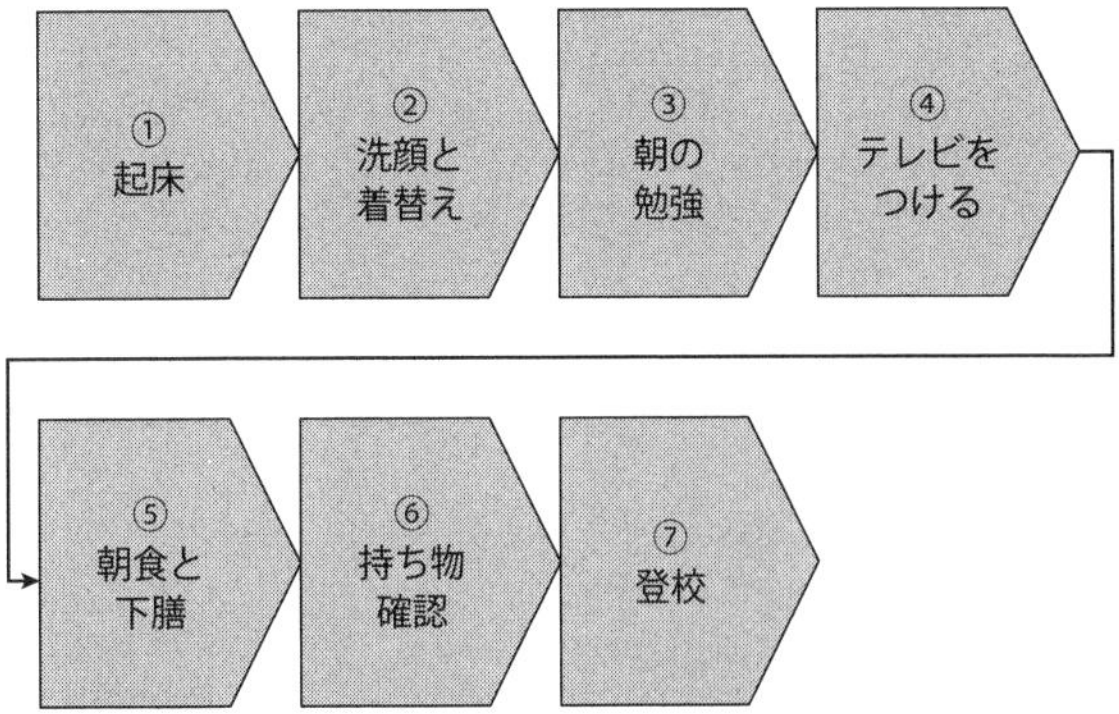

6．持ち物確認
7．登校

人によっては、図表8のように図示するほうが分かりやすいかもしれません。どちらでもあなたの好きな方法を使ってください。

プロセスを「見える化」する目的は、現状のどこに「無駄」や「非効率」や「阻害要因」があるかを漏れなく見えるようにすることです。

とにかく「最初から最後まで一連の手続き」を書き出してみれば、そのなかに「やらなくてもよさそうなこと」がいっぱい埋まっていることにも気づくことができます。

わざわざ書き出さなくても、頭の中でイメージするだけで気づけるじゃないかと考える人もいますが、人間の通常の思考回路だと「やらなきゃいけないこと」しか思い浮かばないものです。意外と、「やらなくてもいいこと」は、思い出せないものなのです。

例えば、先ほどの「起床」から「登校」までの「プロセス」をいくら頭でイメージしても、いつもの朝の行動にしか見えません。それでは「無駄」に気づくことはできません。

しかし、一度すべてを紙に書き出して、並べてみると「もしかして『朝の勉強』は不要ではないか」とか、「そういえば、いつもこのタイミングでテレビをつけていたが、止めてみたらどうなるかな」とか、「『持ち物確認』は前日の夜に済ませておけばいいのではないか」とか、さまざまなことが見えてきます。

一度、紙に書き出して客観的に眺めることで、思い込みから離れることができるのです。これを面倒くさがってやらない人と、素直に言われたとおりにやってみる人との差は大きいと思います。

どこに問題があるのか、どのような改善策があるのかは、この後のステップで、じっくり検討していくことです。

このステップでは、その準備として、「最初から最後までの一連の手続き」を、一つひとつ、漏れなく見えるようにすること、そのことに集中してください。

ここで漏れがあると、問題に気づいたり、有効な改善策を思いついたりする機会も、失われることになります。

ステップ3　プロセスを測る（改善前）

ステップ2で、「プロセス」を見えるようにしました。そして、ステップ1で決めた「目標」に照らしながら「プロセス」に沿って現状を見ていくと、次のようなことが浮かび上がってきます。

- どこが負担になっているのか
- どこからどこまでの時間が長いのか
- どこでやり直しが発生しているのか

しかし、ここで見えるプロセスの「問題」が、本当に「改善すべき点」なのかどうかは、まだ分かりません。

というのも、「大変だ」「遅い」「よく失敗する」と感じていても、具体的にどこに問題があるのかまでは、はっきり分かっていない場合が多いからです。ましてや、多くの人が一緒に仕事をする会社では、みんなが全然違うことをイメージしていることも少なくありません。

例えば、とある会社で、データの受付業務をしている方に、「受付業務にどのくらい時間が掛かっているか」のアンケートを取ったことがあります。

このアンケートの結果は実にばらばらなものになりました。なぜかというと、そもそもみんなが思っている「時間」の定義がまちまちだったからです。人によって、イメージする時間には次の5種類があることが分かりました。

⑴自分の作業時間
⑵自分の部署の上司を含む全作業時間
⑶自分が受け付けてから上司に承認依頼をするまでの経過時間
⑷自分が受け付けてから上司が承認を完了するまでの経過時間
⑸お客さまが受付に来てから、回答を得るまでの経過時間

このような状態では「どこに問題があるか」を話し合うことができません。

ですから、ステップ2で「最初から最後まで一連の手続き」を書き出して、「時間」の範囲を決めておくことが大切なのです。

みんなで同じ「プロセス」を指差し合いながら、どの「時間」のことを言っているのかを確認できれば、このようなすれ違いを防ぐことができます。

さて、ステップ2で「見える化」された「プロセス」に対して、どこに問題があるかを考えてみましょう。

1. 起床
2. 洗顔と着替え
3. 朝の勉強
4. テレビをつける
5. 朝食と下膳

6. 持ち物確認
7. 登校

これもまた、人によって意見が異なってくるでしょう。そもそも「1. 起床」の時間が遅いことが問題だと考える人もいるでしょう。「1. 起床」の時間はそのままでいいが「2. 着替え」に時間が掛かり過ぎだと言う人もいるでしょう。

「3. 勉強」は朝には不要だという人もいれば「4. テレビ」がなければ時間を捻り出せるという人もいるでしょう。いやいや、そもそも「4. テレビ」はラジオのようにニュースを聞くためにつけているだけで時間を取っていないと考える人もいれば、テレビがついていることで作業時間がすべて長くなっていると思う人もいるでしょう。

「5. 朝食」の準備と下膳に時間が掛かり過ぎだから、もっとシンプルなものにすべきだと意見する人もいれば、食育のために「5. 朝食」は大切だから、ここの時間は絶対に削れないという人もいるでしょうね。

「6. 持ち物確認」は前日にやっておけばいいという考え方はわりと一般的ですが、前日に持ち物をそろえておいても、朝にもう一度確認しなければ家を出られない神経質な子どももいるかもしれません。

　このように、10人いれば10人それぞれの考え方と趣味嗜好があります。自分一人のプロセス改善であれば、自分の好きなようにすればいいと思いますが、パートナーや子どもといった「他者」が関わったり、あるいは自分一人であっても「客観的」な視点が欲しかったりするのであれば、具体的なデータを取ってみる「測定」が欠かせません。

　つまり、どの作業にどれだけの時間が掛かっているかを、実際に測ってみればよいのです。百聞は一見に如かずで、数値データがあれば、どこに時間が掛かっているのかで意見が分かれることはありません。


　ところで、「測定」というと、実際にやるのを面倒に感じたり、「数字」が苦手で窮屈な感じを受けたりする人がいるかも知れません。

　気持ちはとてもよく分かります。でも、「数字」というのは、ちょっと大げさに言えば、人類が生み出した最高の宝だとも言えるものです。

例えば、人と待ち合わせをするときに「何時に会いましょう」と数字を使わないと、実際に会うのは難しいですね。「お昼ごろ」といっても、「お昼」の解釈は12時だったり、13時だったり、人によって異なるものです。

あるいは、封書の郵送に使う84円切手が必要で「郵便局で切手を買ってきて」と100円玉を子どもに渡してお使いを頼んだら、100円切手を買って帰ってきたという笑い話もあります。

数字を使わないと、このように、言いたいことが曖昧になったり、勝手な解釈をされたりしてしまいます。

ほかの人に対してだけではなく、未来の自分に対してでも、まったく同じことが言えます。「夏までに痩せるぞ」と目標を立てるのと「7月31日までに5キロ痩せるぞ」と目標を立てるのとでは、どちらの効果がより高いと思いますか?

数字を使えば、しっかり記録に残るし、はっきり伝わるし、誰が聞いても同じように解釈できます。また、気分や感情に左右されない、客観的な「事実」を把握することができるようになります。

ですから「数字」と聞いただけで嫌がらず、自分の武器にしていきましょう。個人の「プロセス」改善で使う数字はそれほど難しいものではなく、まずは小学校の算数レベルで十分です。

一方で、数字が大切だからといって、厳密に正確な情報を集めることに過大な手間を掛けようとしてはいけません。

実際に私が、「その手続きの作業時間はどれくらいですか」、「そのプロセスの経過時間はどれくらいですか」と聞くと、「正確な平均値は、手元に記録がないから分かりません」と答える人が多いのです。

それは正直な回答かもしれませんが、有効な返答とはいえません。「正確な数値は答えられない」では、なんのデータにもなりません。

では、情報はどのようにして集めればよいのでしょうか。

私が数値データをヒアリングするときの、とっておきのコツを教えましょう。

それは、「最小値・最頻値・最大値」の３つの数字を聞いてみることです（図表９）。

「最頻値」とは、最も頻繁に表れる「値」という意味です。

「最小値」と「最大値」を把握すると、そのデータがどこからどこまであるのかの範囲が分かります。

次に「最頻値」を知ることで、そのデータの〝真ん中〟がなんとなく分かります。

一般的には、データの〝真ん中〟を知るために使うのは「平均値」です。しかし、「平均値」は最も自然なバラツキである正規分布のときは「最頻値」と重なりますが、偏りがあった場合は〝真ん中〟からずれることがあります。特に、母数が少ない場合はその傾向が顕著になります。

例えば、金融広報中央委員会の２０１６年の調査によると、単身世帯の貯蓄金額の平均値は８２２万円という数値が出ました。結構、多いと思うでしょうか。しかし、実は最頻値は０円で、単身世帯の半数近くが貯金ゼロでした。残りの半数、つまり貯蓄有世帯の平均値は１６００万円になります。平均値だけを見ていると決して分からない実態です。

なぜ、このような偏りが出るのか。簡単に説明してみましょう。

例えば、中学生10人のクラスで数学のテストを行い、その最大値が１００点、最小値が

［図表9］ 平均値と最頻値の違い

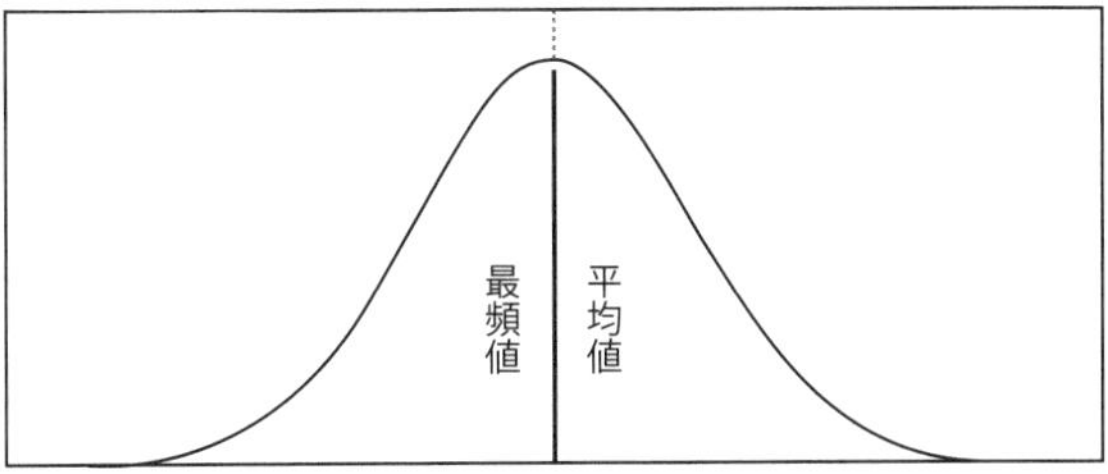

平均値と最頻値が同じ場合

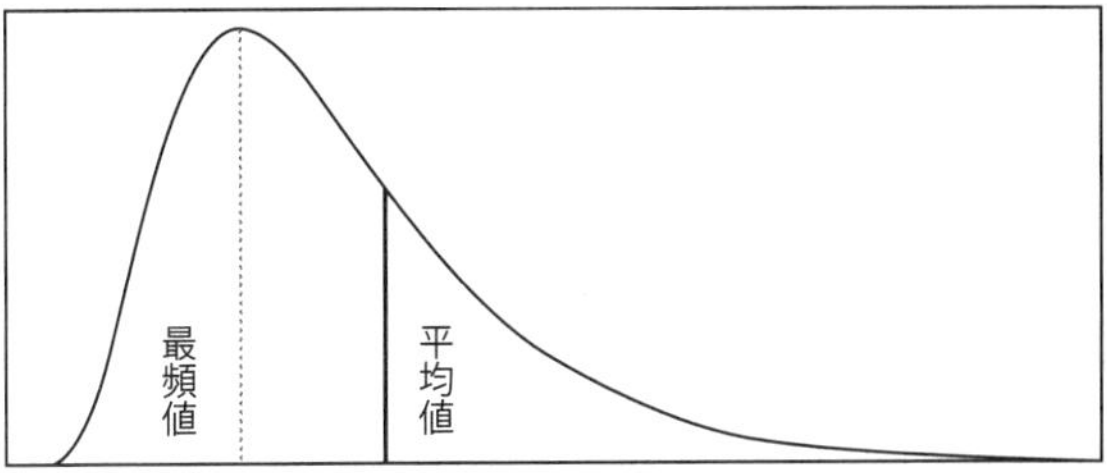

最頻値が低いために、平均値とずれが生じた場合

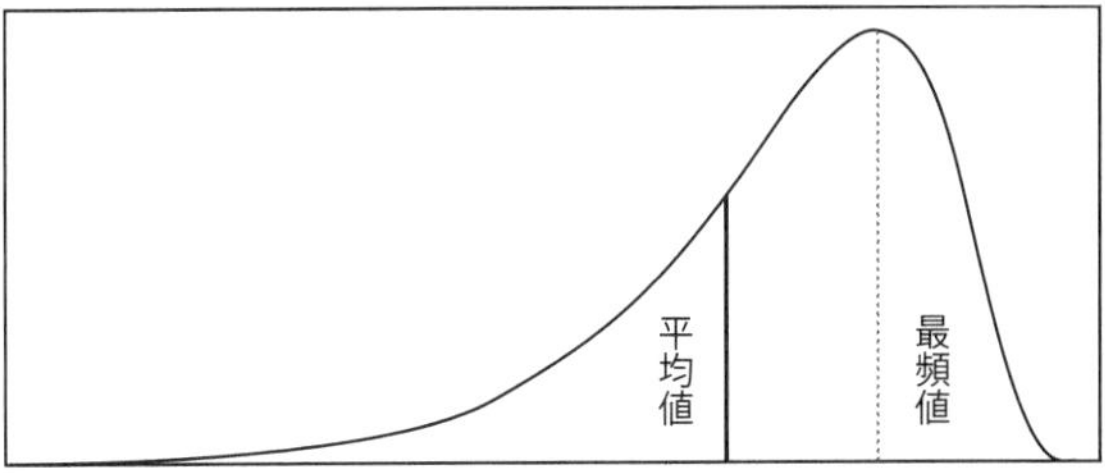

最頻値が高いために、平均値とずれが生じた場合

0点、平均値が70点だったとします。

平均値を聞くと70点くらいの子がたくさんいるように思えますが、実際に調べてみたところ100点が7人、0点が3人というものでした。70点の子はいません。これでも平均値は70点になります。

しかし「最頻値」が100点であったことを聞けば、なんとなく「ああ、簡単なテストだったのだな」とイメージできます。

「平均値」は、最大値や最小値に引っ張られて大きくなったり小さくなったりするため、意外と現実を正しく表した値になっていないのです。

「平均値」ではなく、「最小値・最頻値・最大値」を把握しておけば、この後のステップで「なぜこんなにバラつくんだろう」、「最大値のときは、何が起きているんだろう」、「どうしてみんなが最小値のケースに近づけていくことができないんだろう」などと、いろいろなヒントを得ることができます。

また「平均値を教えてください」と聞くと、計算が必要になるので「正確な値は今すぐには出せません」と返ってきますが、「感覚的な概算値でよいので、最小値・最頻値・最大値を教えてください」と聞けば、すぐに答えが出ることが多いのです。

例えば、起床から登校までのステップで、食事に掛かっている時間の「最小値・最頻値・最大値」を考えてみましょう。「最小値」はゼロです。時間がなくて食べていかないことがあるからです。「最大値」は30分です。時間がある時はテレビを観ながら食べているからです。「最頻値」は15分でしょうか。

もちろん、あくまでも感覚的な概算なので、実際に測定してみると異なる結果になるかもしれません。それでもなんとなく問題がどこにあるかが見えてきます。

余裕があれば、ストップウォッチで測ってみてください。自分の感覚と実際の数値との差が分かれば、それが新たな発見になります。また、実際に改善できたかどうかを後で知るためにも、実際のデータは大切になります。

同じように、仕事などで「やり直し」が発生する場合には、毎月何件くらいの処理が発生して、そのうちどれくらいが「やり直し」になるのかも、「数字」でとらえておきましょう。「あそこはいつもミスが多発している」「ここはだいたいうまくいっている」といった感覚ではなく、数字にしてみることで、この後のステップでいろいろなことに気づくことができます。数字は雄弁なのです。

ステップ4　プロセスを分析する

ステップ1で「問題」と「改善目標」を明確にしました。ステップ2で「プロセス」を漏れなく見える化しました。ステップ3でデータの測定も行いました。これらがすべてそろったことで、初めて原因を分析できます。

分析は、次のように進めます。

1. 「問題」の「原因」を幅広く洗い出す
2. 「原因」のうち、「問題」に与える影響が大きいものを選ぶ
3. 選ばれた「原因」のうち、自分（たち）でなんとかできるものを選ぶ
4. 選ばれた「原因」について、さらにその背後にある原因を考える

まず、「問題」の原因の洗い出しです。

これは、一人で考えていても、なかなか幅広く洗い出せないものです。「三人寄れば文殊の知恵」で、問題意識を共有している人と考えられる原因を出し合えるとベストです。

例えば、起床から登校までの時間については、親は「テレビの時間」が原因だと主張し、子どもは「勉強の時間」が問題だと意見するものです。どちらが正しいかは現時点では分からないので、今のところは「幅広く」洗い出して列挙しておきます。

単に「幅広く」と言われてもなかなかイメージが膨らまない場合は、いくつかの視点ごとに考えてみるとよいでしょう。

例えば、次のようになります。

(1) 人のスキルやモチベーション

勉強の問題が難し過ぎて（能力に合っていなくて）時間が掛かっているのかもしれません。また、朝の時間のテレビをニュースに限っていて、好きな番組を選べないことで、勉強のモチベーションが下がっているのかもしれません。

(2)ツールやシステムの機能や性能

起床に使っている目覚まし時計の音量が小さいとか、音がだんだん大きくなるスヌーズ機能が付いていない、といった原因が考えられます。

朝の勉強を始めるときに、手回しの鉛筆削りを使っていて、意外と時間が掛かっているのかもしれません。

(3)材料や入手できるデータの質

冬場は水が冷たすぎて、洗顔を躊躇しているのかもしれません。

天気予報や学校の授業・行事の情報がなかったり不正確だったりするために、何に着替えるかを決めるのに時間が掛かっているのかもしれません。

(4)仕事の進め方や順番

起床してからすぐの歯磨きと、食事の後の歯磨きとで二度手間になっていることが、時間的な無駄になっているのかもしれません。また、朝食の前に着替えをすると、朝食時に汚してしまって再び着替えねばならないことが遅刻の原因になりがちなのかもしれません。

朝食や着替えに時間が掛かるのは、テーブルや部屋が片付いていないからかもしれません。キッチンからテーブルまでの導線や、着替えをどのように用意しているのかなどの進め方に原因があるのかもしれません。

(5)制度やルールなどの制約条件

各家庭には、それぞれの家だけのルールがあるものです。「学校の始まる時間に頭が働くために起床は登校の2時間前」とか「朝食は一日のエネルギーの元だから豪華にする」とか、あるいは「朝食前に15分間ジョギングする」とか「朝はシャワーを浴びる」とかです。それらのルールが厳格過ぎるのかもしれません。

(6)そもそもの戦略や私たちを取り巻く環境

そもそも登校が間に合うギリギリまで寝るという考え方自体が遅刻しがちになる原因なのかもしれません。父親の会社でフレックスタイムが導入されていないことで、父親が子どもの行動のサポートをしにくいことが原因なのかもしれません。

(7)私たち自身の現状認識の客観性

問題は「遅刻」でしたが、本当に「遅刻」の回数が多いのか。「遅刻」の定義は一定なのか。始業時間の10分前に着いていなければ「遅刻」だとは思っていないか。データを実際に測定せずに感覚的な概算値だけを用いていると、自分自身の思い込みから逃れられていないかもしれません。現状認識の曖昧さが問題の解決が進まない原因なのかもしれません。

このように、それぞれの観点で「何が問題を生み出しているのか」と考えていくと、「原因」を漏れなく洗い出しやすくなるでしょう。

さて、こうやって洗い出された「原因」のなかには、よく考えてみると「問題」に与えている影響が大きいものもあれば、そうでもないものもあります。

例えば、クリスチャンの家庭で、1分も掛かっていない朝食前のお祈りの時間を省いたところで、時間はそれほど短縮されません。一方、朝のジョギングやシャワーを止めれば10～15分の時間の余裕を生み出すことができます。

この後のステップで改善策を検討していきますが、「そもそも問題に対する影響が小さい原因」に、アイデア出しや試行の手間を掛けるのは得策ではありません。

また、問題に対する影響が大きい原因であっても、「自分（たち）ではどうしようもないこと」についてあれこれ考えても、愚痴にしかならないでしょう。

少なくとも今のわれわれが八方手を尽くしてもコントロールできないような原因については、残念ですが、今のところはすっぱり対策検討の対象から外しましょう。

今回は対策検討の対象から外れた「原因」であっても、今後、能力や環境が変化すれば、向き合えるようになるかもしれませんし、「今回は、とりあえず対策検討の候補から外した」という記録を残すことは、未来に対して改善機会の候補を伝える意義もあります。

今は、自分たちで動かすことのできる原因に焦点を絞りましょう。

こうして、「問題に対する影響が大きく、かつ、自分（たち）でなんとかなりそうな原因」を選び出したら、さらに、その原因の背後にある、もっと深い原因を探ってみましょう。

例えば、「私たちのスキルが低い」という原因を選び出した場合、どのようなスキルが低いのか、そのスキルはなぜ低いままなのかと、原因をより具体的に、より鮮明に突き詰めていくことが大切です。

この深堀りができていないと、曖昧な原因に対して網羅的な対策を考えることになり、労力の割には効果が薄いという結果に陥りがちです。

このステップで原因をしっかり絞って深堀りしておくことで、次のステップの改善策の検討が、より効率的で効果的なものになります。

なお、ステップ1～3を飛ばして、いきなりステップ4の分析を始めてはいけません。問題の定義もプロセスの見える化も現状のデータもそろっていない状態で行う分析は、断片的な思い込みに陥りがちです。

また、分析が終わっていないのに改善を始めてもいけません。いくつかの良さそうな対策案が思い浮かぶと、分析をすっ飛ばして取り組みたくなる誘惑に駆られがちです。例えば、かっこいい道具やシステムやツールを見つけて、これを導入したいと思っているようなときです。

けれども、そのような対策案は、問題に対する影響が大きくもなく、実は自分（たち）だけではどうしようもない原因を見過ごしたものかもしれません。そうなると、効果の割にコストが掛かってしまいます。

ステップ４（分析）は、絶対に省略してはいけませんし、ステップ3より前でもステップ5より後でもいけないのです。

ステップ5　プロセスを改善する

ここまで、改善目標を定め、プロセスを描き、プロセスを測り、事実を確認したうえで問題の原因を分析し絞り込んできました。いよいよ、プロセスを改善するステップに入ります。

1．ステップ4で厳選された問題の原因それぞれについて、ゼロベースでさまざまな対策案を検討します。この時点ではコストや期間のことは考えません。突飛な発想も大歓迎です。

2. 案出された多数の対策案について、明らかに必要な対応期間が長過ぎるとか、自分たちの実力では実現不可能など、あらかじめ決めておいた基準に合致しないものをふるい落とします（感覚で落とすのではなく、客観的な基準を事前に決めておきます）。

3. 残った対策案について「コスト」と「効果」を評価し、「コストが小さく、かつ、効果が大きい対策」を選定していきます。選定した施策の「効果」の合計が、ステップ1の「改善目標」を十分に上回るようになるまで、実際に対応する施策を増やします。

4. 選定した対応策を実際にテストする計画を立てて、実行します。この際、次のステップ6（効果測定）で必要なデータが容易に採取できるように工夫しておくと便利です。

5. この対応策を採用した場合に生じるリスク・副作用についても、想像力を働かせて洗い出し、整理し、実際に問題が生じた際の対応策も検討しておきましょう。

朝、子どもを学校に送り出すプロセスで、「朝食前にテレビをつけること」が、遅刻の原因として大きいということがステップ4で明らかになったとします。

ステップ5では、「テレビを捨てる」、「テレビのリモコンを隠す」、「ニュースなら見てもよいものとする」、「朝食の進みが遅いようなら消す」、「スポーツコーナーになったら消す」、「7時40分になったら消す」などのさまざまなアイデアが出ると思います。

そのうち、現実的には実行できないことをまず捨てて、コスト対効果が大きいものとして「ニュースなら見てもよい」が選ばれたとします。

実際に何日かテストして、朝食が終わる時間の「対策前—対策後」を比較できるように準備しましょう。その時間にニュースがなかったり、子どもの興味を引くニュースが長引いたりするなどのリスクが予見されるなら、「録画して後で見せてあげると子供に納得させる」といった対応策も、あらかじめ検討しておきましょう。

ところで、ステップ1からステップ5までを順番通りに進めるのは、もちろん改善を効率的・効果的に進めるためですが、心理的な効果もあります。

プロセスの改善は面倒なことです。そして、誰だって面倒なことはやりたくありません。

しかし、そこに問題があって、誰かがやらねば変わらないとしたら、気づいた人が変えるしかありません。

ここで「誰もやらない」「方針だけ示して実行されない」ということにならないよう、ここまでのステップが綿密に組まれているといっても過言ではありません。ステップ1～4までを実行したことで、すでに面倒な問題に足を踏み入れてしまっていて、ここで止めたらこれまでのステップが無駄になると思えば、ステップ5～7までを完遂するモチベーションも高まるというものです。複数の人で改善を進めている場合は特に、ここまでのステップを一緒に進めてきたことで、面倒な改善を実施することへの納得感も高まっています。

営業ではよく「フット・イン・ザ・ドア」などと呼ばれるテクニックが使われます。小さな頼みごとを依頼して承諾してもらえれば、その後の大きな要求へのステップアップも受け入れてもらえる可能性が高くなるという心理を利用したものです。

例えば、いきなり飛び込み営業をしても追い返されることが多いですが、別のルートで知り合いになって、何度か会話を交わしてからであれば、アポイントメントを取れるようになるというものです。

これと同じで、プロセス改善もいきなり「改善」しましょうといっても、嫌がられることが多いのですが、ステップ1～4までを関係者全員で共有することで、「改善」に真剣に取り組んでもらうことができるようになる、という側面もあるわけです。

ここまでのステップは、以下のようなコミットメントを生むことをも意図しています。

1. 責任者が決まる（ステップ1）
2. 改善に必要な作業時間が承認される（ステップ1）
3. いつまでにやらねばならないか、期限が決まる（ステップ1）
4. 問題の大きさや発生個所が誰の目にも明らかだ（ステップ2・3）
5. 課題に対して影響度が大きく、かつ自分（たち）でなんとかできる要因に絞っている（ステップ4）
6. 絞った要因に効きそうな施策を全員で洗い出した（ステップ5）
7. そのなかから費用対効果の高いものを選んだ（ステップ5）

これらはすべて「いつまでに、誰が、何を」するべきかを合理的に決めるために編まれていた仕掛けです。

今の説明は、複数のメンバーで取り組むことを前提にしていましたが、たった一人で改善を進める場合でも状況は同じです。

どこかのステップが抜けていると「今やらなくてもいいや」、「やっぱり面倒だ」「本当にやるべきか確信が持てなくなってきた」ということになり、結局、実行されないことが多くなります。

自分が言い逃れできないようにするためにも、ステップは飛ばさずに1から順番に進めてください。すべては「机上の空論」でなく「実行」するための仕掛けなのです。

このような種明かしをするのも、あなたの心に「最後までやらなきゃ」という気持ちを呼び起こすためです。ぜひとも改善を「実行」していただきたいと思います。

ステップ6　プロセスを測る（改善後）

実際に改善策を施して効果があったかどうかを測定します。明らかに誰の目にも見える効果があった場合は、測定を省略できる場合もあるかもしれませんが、改善の効果が明確に実感できなかった場合、それでもやった意味があったかどうかを知るためには、やはり測定が必要です。

測定の際に注意するのは、ステップ3とまったく同じように測定し、同じ基準で比較することです。

起床から登校までの例でいえば、ステップ3で「起床時間」と「遅刻回数」を測定したならば、ステップ6でも「起床時間」と「遅刻回数」を、同じ基準で測定して、比較してみるのです（図表10）。

例えば「テレビをつけない」ことにした場合、それによって直接的に効果が生じ、短くなることが予想される「朝食」の時間だけを測定したのでは、対策が目標に対して本当に効果を発揮したのか分からなくなってしまいます。「テレビをつけない」ことで「朝食」の時間は確かに短くなったものの、「遅く起きても平気」、「時間が掛かっても平気」という気持ちが子どものなかに生まれて、「起床時間」が遅れ、「遅刻回数」が増えてしまった、ということが生じないとも限らないからです。効果が実感できるところだけを測定しよう

［図表10］グラフで比較すると全員が理解できる

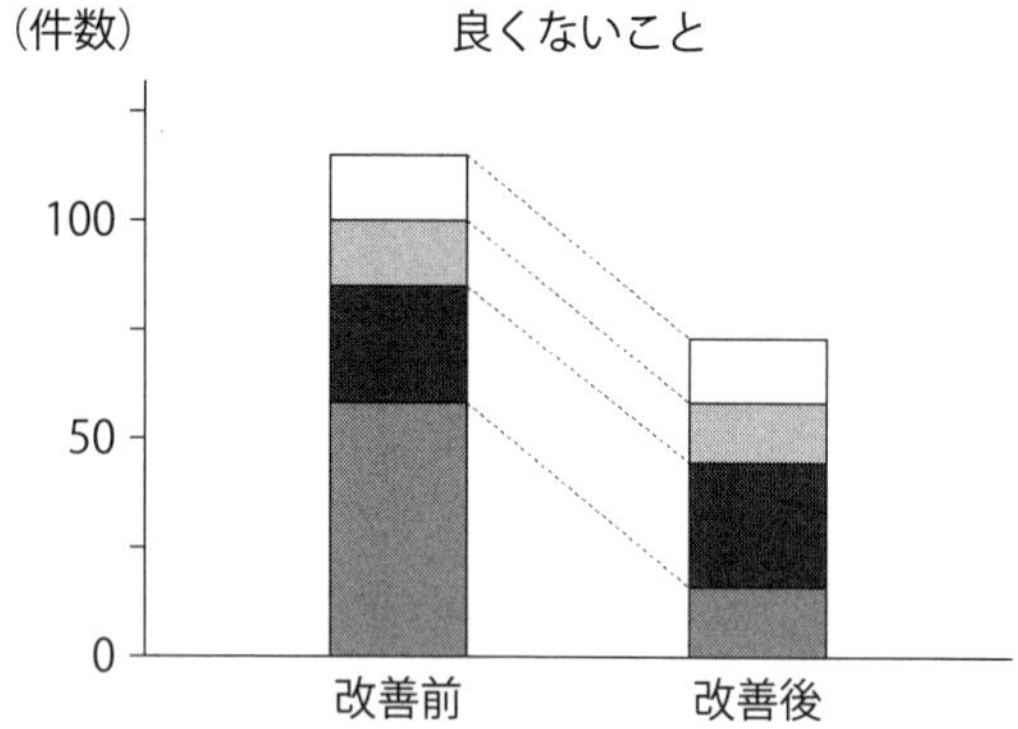

とするのではなく、ステップ1の目標に照らして十分な効果が得られたのかを測定しなければならないのです。

なお、測定の結果、たとえ改善効果が得られなかったとしても、落胆してはいけません。なぜ目論見と違ったのかを考えれば、必ず今後の役に立ちます。

十分な改善が得られなかった場合には、ステップ5に戻って、ほかの改善案を試してみましょう。それでも目標に届かなかった場合は、ステップ4の絞り込みで落とした原因についても、対策を考える必要があるかも知れません。

ステップ7　プロセスを定着させる

ステップ6で改善の効果が出ていた場合、たいていの人はそこで喜んで終わりにしてしまいます。

しかし、多くのケースでは、たとえ一時的に改善しても、その後に改善策が定着するような何かを施さなければ、いつのまにか元に戻ってしまいます。

例えば「朝はテレビをつけない」というルールにしたとしても、地震があった時や、大きなニュースがスマホで入ってきた時などは、どうしてもテレビをつけて詳細を確認したくなるものです。

また、子どもの通っている学校やクラブが紹介されるなど、子どもに見せたい番組がたまたま朝に行われるかもしれません。いずれにしても「今回だけテレビをつける」誘惑に打ち勝つのはちょっと難しいことです。そして、その例外的なきっかけから、いつのまにか「朝はテレビをつける」という習慣に逆戻りしてしまうことがあります。

このような「逆戻り」を防ぐために、また、改善効果を積み重ねるために、定期的なルールの確認やマニュアルの整備や継続的なプロセス効率の測定が必要です。職場であれば、ルールやマニュアルや測定方法を文書化して公式な承認を受けるべきです。

このように書くと、いかにも面倒そうに見えるかもしれません。確かに、定着の方策に手間を掛け過ぎると、逆にやる気が削がれてしまって定着しないというケースもよくあります。

そこで、定着の方策に関しても、できるだけ省力化して、誰もが簡単にできるように考えることが必要です。

例えば、職場であれば、立派な業務マニュアルの代わりに作業の現場に守るべきことの貼紙をするとか、立派な測定・集計ツールの代わりに壁紙に「正」の字を書いていくだけにするとか、そういうところから始めればよいのです。

「朝はテレビをつけない」というルールを守るためには「リモコンを手の届かないところに置く」、「コンセントを抜いておく」など、「テレビをつける」こと自体を面倒で手間の掛かることにしておく方法が考えられます。

また「テレビをつけない」ことで、登校準備が整った時刻を折れ線グラフにして分かりやすく図示するとか、テレビよりももっと面白い話ができるように食事中の家族の会話を考えておくとかも、良い方法かもしれません。

改善の対策と同様に、定着の方法も、人や環境に合った方法がそれぞれに考えられると思います。いずれにせよ、無理は続きません。無理なく続けられる方策を考えましょう。

［第4章］

ケースから学ぶ
実践「プロセス思考」

約束の時刻に遅れてしまう

ここからは、実際に「プロセス思考」を使って「仕事」をどのように改善するかの実例を見ていきます。

仕事においてよく起こりがちな失敗は「遅刻」です。

「遅刻」といえば、通常は出社の遅れですが、「締切」や「期限」と考えれば、上司や同僚から頼まれた仕事や、あるいは知人友人からのちょっとした依頼などの「遅刻」も含まれることになります。

「遅刻」に対して、よく言われる対応策が「スケジュール管理」「タイムマネジメント」の徹底です。しかし「スケジュール管理」「タイムマネジメント」と一言で言っても、そのやり方はさまざまです。

例えば、「毎朝決まった時刻に起きて出社する」という、最も身近な課題一つを取っても問題が起きたときの原因はさまざまです。「前日に夜更かしをして寝過ごしてしまった」、「体調を崩してどうしても起きられなかった」、「携帯電話の電源が切れていて目覚ましアラームに気がつかなかった」、「ついうっかりして電車を乗り間違えた」、「電車が天候や事故の影響で遅れた」など。そして、原因が違えば、取るべき最適な対応策も変わってきます。

自分一人の行動についてですら管理しきれないことがありますから、他人が関わる仕事となればなおさらです。「余裕をもってスケジューリングしていたのに、部下の仕事が遅れて間に合わなかった」とか「納期直前に大きなミスが見つかってやり直しになった」などの事態が少なからず発生します。

それでも「プロセス思考」を用いて「スケジュール管理」を行えば、100%とは言わずとも、かなりの確率で「納期の遅れ」を減らすことができます。

それでは、「通勤での遅刻」を題材にして、具体的な事例を見てみましょう。「プロセス思考」の7つのステップは以下のようになります。

ステップ1　改善目標を定義する

まず【改善目標の定義】については簡単です。「遅刻をゼロにする」と定義しましょう。「ゼロにする」という目標は達成が難しく感じられますが、目標は簡潔で分かりやすい方が良いので、ここは思いきって「ゼロにする」と力強く定義しておきます。

ステップ2　プロセスを見える化する

次に【プロセスの見える化】です。

プロセスを見える化（図表11）すると、次のようになります。最初は自宅にいて、電車やバスなどの交通機関を利用して目的地まで行きます。目的地は、通常の勤務地かもしれませんし、会議やお客様先訪問などで、いつもとは違う場所になることもあります。

勤務先への通勤は日常的に行っていて、遅刻なんか一度もしたことがないという人もいらっしゃるでしょう。しかし、早朝会議などで時間が変わったり、お客様先への直行や、初めての場所への出張などがあると、時間ギリギリになってハラハラしたり、遅れてしまったり、ということもあるでしょう。

まず気がついていただきたいのは、このプロセスの最初に「場所と時間の確認」が入っていることです。

[図表11] プロセスの見える化

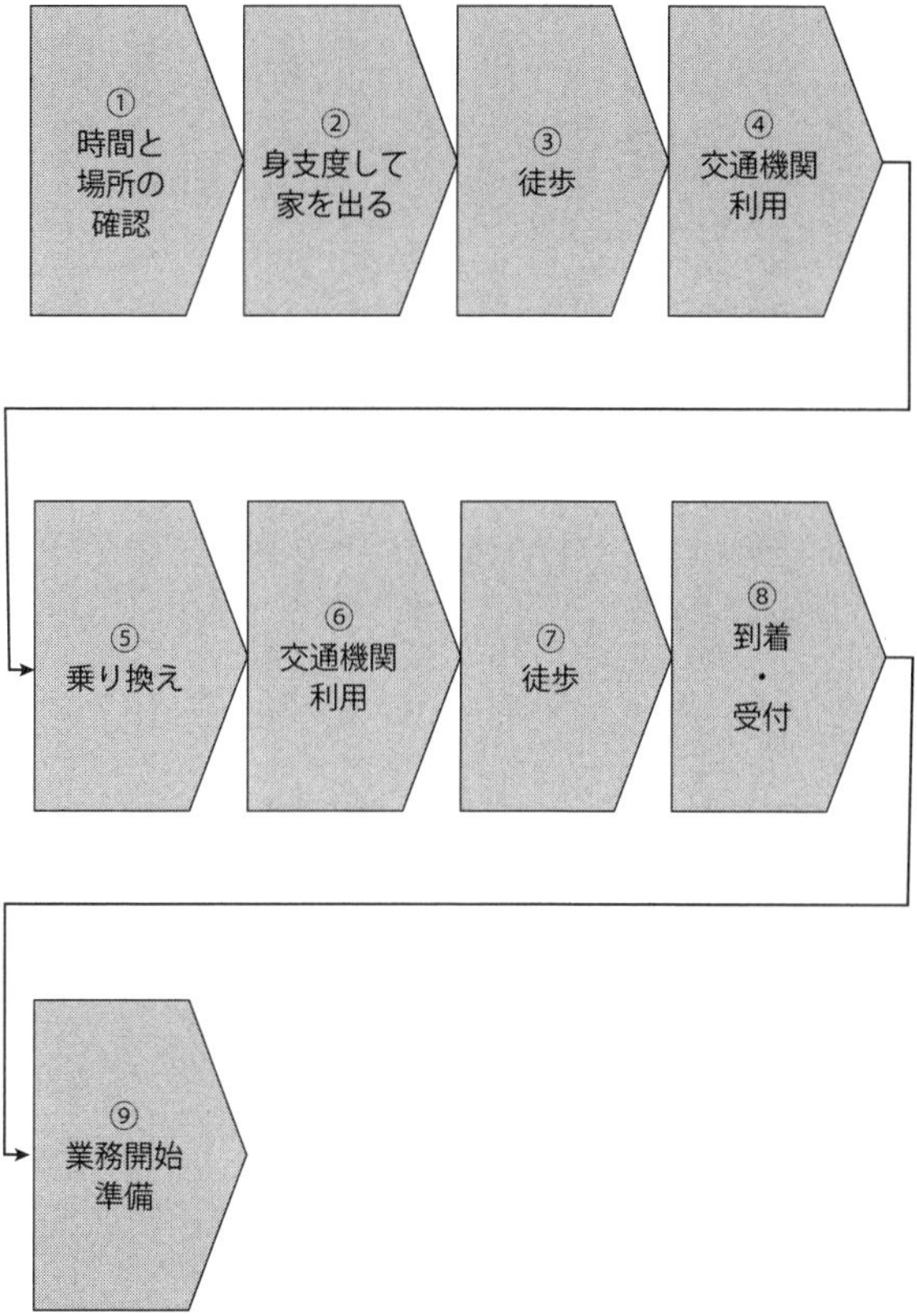

通勤だと当たり前なので、うっかりプロセスに入れるのを忘れてしまいそうですが、約束の場所に約束の時間までにたどり着くためには、最初に「場所と時間」を確認すべきです。この確認をおろそかにしたために、間違った時間に到着したり、間違った場所に行ってしまうなどの失敗をしてしまった人もいるはずです。また、いつもと集合時間が違うのを確認し忘れて、「朝の身支度」を、いつも通りゆっくりやってしまったということもあるでしょう。

このように「プロセスの見える化」と簡単に言っても、含まれているプロセスをすべて漏れなく洗い出すのはなかなか難しいものです。慣れていない場合は「家を出る」「到着する」の２つの段階しか考えつかない人もいます。

プロセスを見える化する際には、その結果を出すために自分が行っていることを事前準備を含めていったんすべて洗い出す必要があります。ここでうっかり、なんらかのステップの存在に気づかずに、見える化できなかったとすると、原因分析の対象からも漏れてしまいますから、そのステップに問題があった場合に気づくこともできなくなります。

といっても、あまり偏執狂的に細かく書き出す必要もありません。例えば、ここでは

「場所と時間の確認」のなかに「予定の確認」のほかに、「アプリでの交通手段の確認」、「当日の天気予報の確認」なども含まれるかもしれませんが、プロセス全体の見通しが悪くなるので、細かく分けずに一つにまとめています。もちろん、細かく記述したい人はどんどん追記して構いません。また、見える化といっても、図にする必要はなく、メモ帳に箇条書きで、プロセスの中身を思い浮かぶ限りどんどん書き並べる形式でも、それは立派な見える化です。それから、最初から完璧に仕上げようと思う必要もありません。プロセスは何度も繰り返されるので、抜け漏れに気づいたら、その都度、書き足していけばよいのです。

ステップ3　プロセスを測る（改善前）

次に【プロセスの測定】に移ります。通勤では、通常の勤務地に向かう場合、何度も同じプロセスを繰り返しているはずですから、それぞれのステップに掛かっている時間を何日間かにわたって測ってみてください。

分かりやすいところで言えば「家を出た時刻」と「到着した時刻」だけでも記録してみ

ましょう。毎日同じプロセスを正確に実行しているのであれば「家を出た時刻」も「到着した時刻」もほぼ同じになるはずですが、意外とバラツキがあることに気づくはずです。

また、「到着した時刻」から「家を出た時刻」を引けば「かかった時間」が計算できますが、それも日によってバラツキがあるかもしれません。「途中でトイレに寄った」とか「電車が混雑していて一本遅れた」とか「コンビニに寄った」などのハプニングの可能性があるからです。時刻によって電車の混み具合も運行速度も変わるかもしれません。

もう1つ、測定してほしいのが「想定した時刻通りに到着できた回数」と、「できなかった回数」です。実際にどれだけ「時間を遵守」できているかどうかの割合を測定してみてください。

遵守率は、個人によってかなり異なるはずです。１００％という人もいれば、そうでない人もいるでしょう。また、自分では99％くらいだと思っていても、実際に測定してみるとそれよりも低い数字が出ることも珍しくありません。

「プロセスの測定」によって、自分の思い込みが正しいかどうかを客観的に見ることができるようになります。余裕がある人は、各ステップの時間も測ってみてください。実に多くのことに気づくはずです。

ステップ4　プロセスを分析する

測定が終わったら【プロセスの分析】を行います。分析は「プロセス思考」の最も重要な段階です。一歩一歩、どのような原因が潜んでいるのかを分析していきます。

まず「場所と時間の確認」です。確認の重要性については先ほども触れましたが、たとえ「場所と時間」の確認ができていたとしても、結果として約束を守れないことがあります。それは「場所と時間」の定義が曖昧だった場合です。

例えば「9時に会社で会議を始めるのでそれまでに来てください」と約束した場合「9時に会社に到着」すればよいと考える人がいます。しかし、9時に会社の玄関に到着したとしても、その会社の会議室に到着するまでには、受付時間を含めてさらに10分掛かるかもしれません。その場合には、自分の想定した時刻どおりに着いたとしても、実質的には遅刻となります。

そこで「場所と時間」の約束は、「8時50分に会議室のあるビル1階の受付で待ち合わせ」のように明確に決めたほうがよいでしょう。そうでないと、お互いの間に誤解や思い違いが生まれますし、さらには「当日にお互いを待っている場所が異なっていて、会うまでに時間が掛かってしまった」などの事態による遅刻も生んでしまうからです。

さて、「場所と時間の確認」が明確になっていたとしても、各ステップで細かい遅れが生じると、結果として最終ステップでの大きな遅れにつながることがあります。例えば、家を出る時間が1分遅れただけであっても、雨が降っていて駅まで歩くのにさらに1分のロスが生じて、結果として乗る予定の電車に遅れてしまい、7分後の次の電車まで待つことになったというような事態です。

電車の本数が限られているために、ここでは2分の遅れが一気に7分に増えてしまっています。このような事態を避けるためには、例えば身支度に通常2分程度のバラツキがあると分かっているなら、2分遅れても目的の電車に間に合うように、あらかじめ駅に早目に到着するスケジュールを立てるなどといった対策が必要になるでしょう。

あるいは、家を出る時刻が遅れた場合は、駅まで走るとか車で送ってもらうといった対策も考えられます。いずれにせよ、これらの対策を立てるためには、何時にどの駅にいるか、といった途中経過をそもそも計画しておく必要があります。つまり、最終的な到着時刻だけではなく、途中のステップにおいても目標時刻が必要になります。

各ステップに目標時刻を設定するのはもしかすると面倒に感じられるかもしれません。しかし、どんなに各ステップに余裕を持たせていても、プロセスの前半で生じた大きな遅れを、プロセスの後半だけで取り戻すことは困難です。

ちなみに、今時のスマホは「乗り換え案内アプリ」1つあれば、現在時刻も途中経過の目安時間もいつでもすぐに確認できるようになっていますから、各ステップの計画確認も簡単です。

そのほか、ちょっとした思い込みによるバラツキの見込み違いが遅れの原因になっていることもあります。例えば、朝のラッシュ時は電車の本数が多く設定されていますが、昼になると本数が少なくなります（電車の運行本数には時間によるバラツキがあります）。いつも朝の通勤時間帯に乗っている電車を使う時に、乗り慣れているからといって「ステップごとの期限」を確認せずに出発したところ、通勤時間帯であればすぐに来るはずの次の電車がなかなか来なくて、大きく時間のロスをしてしまうことがあります。通勤時間帯と同じ感覚で行動計画を見積もると、昼間の電車の運行本数の少なさによって、遅刻してしまうことがあるのです。

「遅刻」を「ゼロにする」ためには、「スケジュールを遵守」しようとする気持ちだけでは不十分です。自分自身が努力するのは当然ですが、「不確定要素」（リスク）を完全には排除できないからです。そこで「スケジュールを管理」するにあたっては、「不確定要素」をできるだけ洗い出して備えておく必要があります。交通機関の遅れや運休、満員で乗り切れずに次の電車を待つ必要がある、などが思い当たるでしょう。

しかし、プロセスに潜んでいる大きな「不確定要素」の一つは、個人の心理に属するものです。

人の心理に属する原因としては、そもそも「遅れる」ということを、それほど重視していないことが挙げられるかもしれません。例えば、「遅刻」を軽く考えているために、気がゆるんで、家を出る時刻が遅れたり、駅に着く時刻が間に合わなかったりする人もいると思います。これは「遅刻の重大さ」が理解できていないという、心構えの問題ですが、実際にそれがよく遅刻を引き起こしているのであれば、重要な原因ということになります。

もし、自分の気がゆるんでいることで、毎度のように全体に遅れが生じている場合は、そもそも「遅刻」がなぜいけないのかを考えることで、さらに原因を深堀りしてみる必要があるでしょう。会社によっては、遅刻に対する罰則も叱責もない鷹揚なところもあるかもしれませんが、そうだとしても、見る人は見ています。上司や同僚のなかには、態度には出さないとしても、あなたの「遅刻」を苦々しく感じている人もいるはずです。

「重役出勤」という言葉もあるように、相手を待たせるのは、相手を自分よりも下の地位にあると印象付けることだからです。クビにはならないでしょうが、人事評価に響くかもしれません。そこまで言わなくても、遅れることで実際に相手の時間をどれだけ無駄にしているかを考えてみましょう。たとえ5分の遅刻であっても、待っている人数が４人だとすれば、５×４＝20分の時間が無駄になっています。「今はスマホがあるからスキマ時間も無駄にはならない？」――それは待っていた側が気を遣っていう台詞であって、待たせた側の言うことではないですよね。

このように分析を進めてみると、「遅刻によって自分や周囲の人に与える影響の大きさを理解できていない」ことが真の原因であるのかもしれません（もしそうなら、次の対策フェイズで行うことは、「早めの行動」でも「ステップごとの目標時刻の計画化」でもなく、「遅刻による影響の明確化」になるかもしれません。このように、しっかり分析することで、はじめて正しい対策が取れるようになるわけです）。

ここまで「遅刻」という問題を、プロセスに沿って分析し、原因を洗い出してきました。

- 出発前に場所と時間を再確認していない
- 途中経過の目標時間を記憶に頼っている
- バラツキの見込みを間違っている
- 時間帯ごとの電車の本数のバラツキを調べていない
- 不確定要素（リスク）への備えがない
- 心理的に、そもそも期限遵守を重視していない

このように分析してみると、プロセスに潜んでいる問題の原因は人により状況によりさ

まざまであることが分かるでしょう。また、原因によって対策はまったく異なるものになる、ということも予想がつくでしょう。的外れな原因に対して、一生懸命に対策を考えても、徒労に終わります。思い付いた対策にすぐに飛びつかず、面倒でも、分析フェイズに踏み止まって、しっかり原因を洗い出しましょう。

ここまで見てきたように、「プロセスの分析」フェイズでは、さまざまな原因が洗い出されてきますが、そのすべてについて対策のアイデアを練るのは大変です。そこで、分析フェイズの最後では、さまざまな原因のなかで、「影響が大きく」「自分でコントロールできる」要因を優先的に選択するとよいでしょう。

ステップ5　プロセスを改善する

ここでやっと【プロセスの改善】フェイズに移ります。

改善については、それぞれの環境によって対策が異なるでしょうから、ここでは詳述しません。

大切なのは、思い付きの「改善」をかたっぱしから試すことではなく、【プロセスの分析】フェイズで、「原因」をしっかりと絞り込んでおくことです。「分析」を十分に行わず、「遅れるんだから、早めに行動すればよいだろう」では、余裕を持ち過ぎて、逆に待ち時間が増えてしまい、結果的にムダや非効率に繋がりかねません。しつこくて恐縮ですが、十分な「分析」をせずに「改善」に飛びつくと、苦労の割には報われない、ということを、再度、強調しておきます。

ここでは例として、主な原因が「不確定要素」であった場合の対策を見てみましょう。一般に、「不確定要素」については、プロセスの最初で、問題が生じた場合の代替手段・代替要員・連絡手段などを考えておくのがよいとされます。

例えば、通勤でも台風や地震などの自然災害や人身事故などがあるとダイヤが乱れることがあります。いつ何が起きるか分からないので、連絡先を確認しておくことで、不測の事態にも慌てずに対処することができます。特に、初めての訪問先の場合、緊急時の連絡先の確認を忘れないようにしましょう。

計画の段階で何も考えていないと、実際に問題が生じたときに、パニックになってしまいます。「不確定要素」に備えて、常にリカバリプランを考えておくことをおすすめします。

一方、「プロセス思考」によって対策を考えるなら、時間的な「不確定要素」をプロセスのどこに配置するかという次のちょっとしたノウハウは、いろいろな場面で役に立ちます。

- 必須の不確定要素は、できるだけプロセスの前のほうに置く
- 最悪、省略できる不確定要素は、できるだけプロセスの後のほうに置く

プロセスの中に、避けて通れない「不確定要素」が存在する場合、それに備えてあらかじめ予備の時間を予想して確保することが対策として考えられますが、ゴールに到着する直前に「不確定要素」による予想を上回る遅れが起こってしまった場合、さすがにリカバリが難しくなります。ですから必須の「不確定要素」がある場合には、できるだけプロセ

スの前半部分に設定するとよいでしょう。

通勤の事例は不確定要素が少なすぎるので、出張の事例で考えてみましょう。

例えば、日本の在来線の運行時間は「不確定要素」が小さいけれども、飛行機や船舶やバスによる長距離移動は到着時間がずれるリスクが大きくあります。そこで、長距離の移動がある場合には、資料準備→長距離移動→（前泊）→短距離移動→訪問先の近くで食事→訪問、というプロセスを組むことで、「不確定要素」の影響を最小限に抑えることができます。

食事などは「最悪の場合、省略できる不確定要素」と考え、できるだけプロセスの後のほうに置きます。食事に要する時間（レストラン探しや、料理が提供されるまでの時間、食べ終わって精算し領収書をもらうまでの時間などの総和）が長引くことで、後続の必須作業の時間が圧迫されるリスクを避けたいわけです。

有望な改善策をたくさん思い付いた場合は、全部試してみるのは大変なので、「より楽に実行できて」「より効果の大きいもの」に絞り込んで、取り組んでみるとよいでしょう。

ステップ6　プロセスを測る（改善後）

改善策を実際に施した後には【プロセスの再測定】を行って、その効果を確かめます。まずは最終的な期限をどれだけ守れるようになったか（目標は100％の遵守率＝遅刻をゼロにすることです）、そして、ステップごとの期限も達成することです。

ステップごとの期限を設定するにあたっては、各ステップの標準時間を想定して、それを積み重ねて時刻を計算します。この「再測定」において、各ステップの期限達成率が低い場合は、目標が高すぎる可能性もあるので、現実的な値に再調整してください。一度決めた目標は絶対に変えてはいけない、というわけではありません。

再測定によって効果が実感・実証できると、改善を続けるモチベーションも高まってきます。

ステップ7　プロセスを定着させる

最後に【プロセスの定着】を図ります。せっかくプロセスを遵守できるようになっても、気が抜けると再び遅刻が増えるかもしれません。無理のないようにプロセスを設計して、楽に続けられるようにしましょう。

例えば、ステップごとの達成率を継続して測定して、簡単に手元のメモに記録できるようにし、無理がある場合にはステップごとの目標時間を再設計します。

また、せっかくのプロセスを忘れることがないように、スマホのカレンダーなどに記録しておくとよいでしょう。スケジューラのメモ欄に、待ち合わせ時間だけでなく、待ち合わせに至るまでの各ステップの時間も記入しておくと、さらに確実です。

なお、スマホに記録するのは、いつでもステップを参照できるようにするためでもあります。

遅刻をゼロにするための７つのステップ

1. 目標定義	遅刻ゼロ
2. 見える化	(1) 場所と時間の確認→ (2) 身支度して家を出る→ (3) 徒歩→ (4) 交通機関利用→ (5) 乗り換え→ (6) 交通機関利用→ (7) 徒歩→ (8) 到着・受付→ (9) 業務開始準備
3. 測定	• ステップ毎の標準時間（想定）とバラツキ • 遅刻回数
4. 分析	• 場所と時間の定義に曖昧さがあった • ステップ毎に掛かる時間のバラツキを考慮していなかった • ステップ毎の目標時刻を設定していなかった • 時間を守るという意識が十分でなかった
5. 改善	• 不確定要素に備える • 不確定ステップをプロセスのどこに配置するかを見直す
6. 再測定	• ステップ毎の標準時間（想定）とバラツキ • 遅刻回数
7. 定着	• ステップ毎の目標時刻をスマホで確認できるようにする • ステップ毎の時刻をしばらく記録し続ける

提出物の差し戻しが多い

せっかく「納期」に間に合うように仕事を仕上げたものの、上司に提出したところ「これじゃだめだ、やり直せ」と差し戻されることはよくあることです。これでは、どんなに「プロセス思考」で「期限」に間に合うように仕事を仕上げても、その後の遅れはまぬがれません。

ですから、仕事の成果物については、できるだけ「差し戻し」「やり直し」がないようにしたいものです。

この問題も「プロセス思考」で考えてみましょう。

ステップ1　改善目標を定義する

最初は【改善目標の定義】です。

単純に考えると「成果物の差し戻しをゼロにする」となります。しかし、ここではもう一歩踏み込んで「なぜ成果物の差し戻しをゼロにしたいのか」と思考してみましょう。

「修正するのが二度手間で時間が掛かるから」という答えはもちろんありです。では「なぜ時間が掛かるのがよくない」のでしょうか。

ここで「面倒だから」とか「気分が悪いから」という答えが出てきた場合は、ちょっと足を止めて考え直してみてください。もし「面倒だから」早く終わらせたいという目標に沿ってプロセスを設計してしまった場合、成果物のクオリティが二の次になる危険性があります。

「面倒だから」差し戻しをなくしたいというのであれば、上司によるチェックをなくす方向で考えたり、あるいは逆に、上司の言うとおりに仕上げたりなどの方向に向かってしまうからです。

成果物のクオリティも考慮したければ、「差し戻しをゼロにする」理由は、あくまでも「クライアント（顧客）」のため、つまり、顧客にとってのビジネススピードや品質の向上を図るためでなくてはなりません。

「自分が怒られるのがイヤなので」ではなく「顧客のため」と目標を置くことで、以降のすべてのステップの「プロセス思考」において、顧客視点が常に入るようになります。

ステップ2　プロセスを見える化する

次は【プロセスの見える化】のステップです（図表12）。

これも単純に考えると「提出物作成」→「提出」というステップしか思い浮かばないかもしれませんが、「提出物を作成する『前』に何をしているか」「提出した『後』にどのような流れになっているか」と、前後に視野を広げて、一連のプロセス全体を見える化するよう心掛けましょう。ここでプロセスが十分に見える化されていないと、プロセスの分析をする際に真の原因がある場所を見落としてしまいます。

ここでは例として、提出物の作成の前に「提出物の全体の流れを構想している」、その前に「流れの構想のために必要な情報を収集している」、情報収集に必要な「そもそも提出物を作成する目標や上司の指示内容を確認している」という手続きを追加し、また提出物の作成の後に「上司の承認」「上位上司（上司の上司）の最終承認」「顧客への提出」という手続きを追加しました。自分の業務の流れを具体的に思い出してみると、意識的にであれ、無意識的にであれ、このようなことをしているでしょう。

［図表12］プロセスの見える化

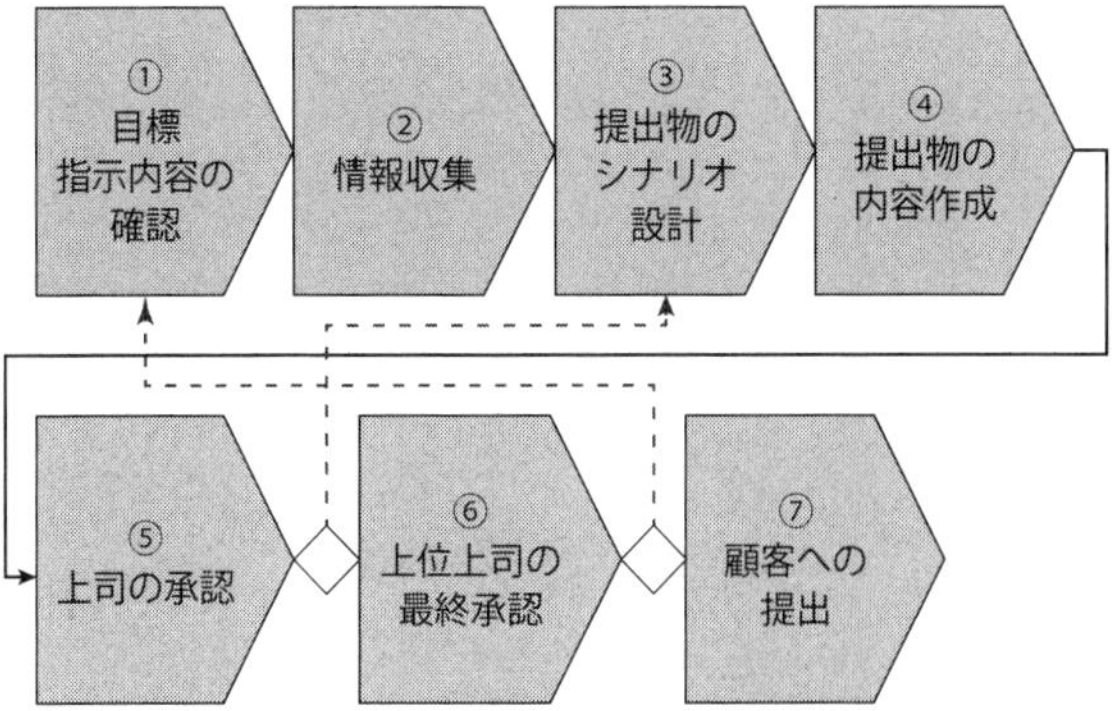

また、上司の承認が下りずに差し戻しとなった場合は、シナリオ設計からやり直すことが多く、上位上司の最終承認が下りずに差し戻しとなった場合は、そもそもなぜ提出が必要なのかという目標確認からやり直しになることが多いため、そのプロセスも明記しました。

このようにして、現場でリアルに繰り返し起きていることをプロセスとして見える化していきます。

どんなに自分なりに提出物のクオリティを高めたところで、それが「差し戻し」になるかならないかは、上司や上位上司が判断するものなので、必ずしも自分の努力が功を奏するとは限りません。「差し戻し」を「ゼロにする」、つまり一発で承認をもらうためには、上司や上位上司が何を求めているのかを先に知る必要があります。ですから、プロセスの先頭での「目標・指示内容の確認」や「情報収集」が非常に重要な手続きであることが見えてきます。

また、このプロセスでは、仕事の最終的な成果物の提出先は社外の「クライアント（顧客）」です。従って、提出物が顧客の利益に適うものであることが最も重要であることは論を俟ちません。そのため、できる人であればあるほど、最終的な「クライアント」の利益だけを考えて仕事をしてしまいがちですが、会社組織の中で仕事をしている以上、クライアントに提出する前に、成果物に対する会社としての承認（上司や上位上司の承認）は不可欠です。それが顧客の要求と完全に一致しているとは限りません。

そこで、「情報収集」という手続きでは、上司や上位上司が何を求めていて、どのようなものであれば承認を得られるのかの状況を調査する必要もあるでしょう。このように、プロセスを書き出して見ることで、各ステップの意味も、より明確になってきます。

ステップ3　プロセスを測る（改善前）

プロセスが見える化されたら、プロセスに沿って【プロセスの測定】を行います。これまでの「差し戻し回数」を数えて、上司や上位上司が、どのような理由で「差し戻し」を指示したかのデータを可能な限りそろえます。正確なデータをすべてそろえるのは難しくても、「だいだい何割くらい」でもよいので、数値化するよう努めます。これが「分析」の材料になります。

ステップ4　プロセスを分析する

次の【プロセスの分析】ステップでは、プロセスに沿って「差し戻し」の原因を検討します。

具体的に言えば、上司に何かを提出して承認をもらう場合、なぜ差し戻されたのかには、次のようなことが考えられます。

・必要性・重要性の認識がそもそも上司とズレている

上司が何を重要視しているのか、なんの優先順位が高いのかを把握しておかなければ、提出物に反映させることができません。これは提出物を作成する前の「情報収集」の時点で解決しておくべき課題です。

・上司が何を言っているのか、その背景を理解していない。上司の上司や顧客のニーズなどが分かっていない

上司の意向をヒアリングしたとしても、上司の言い分が理解できなければ、提出物に反映させることはできません。一般的には、上司はあなたよりも広い視野で物事を見ています。市場動向、顧客の意向などを勘案して自分の視野を広げてみましょう。また、社内政治的には上位上司の存在も重要です。中間管理職である上司は、上位上司の意向に沿って動きます。直接会ったことはないとしても、上位上司の意向を知らなければ、上司の言っていることすらよく分からないかもしれません。

・事実データがそろっておらず説得力がない

上司の意向をヒアリングするにしても、一方的に従う必要はありません。上司はあなたよりも広いマクロな視野で物事を見ているかもしれませんが、逆に言えば、あなたは、ミクロな「現場」の現実や、クライアントの具体的な要望をより深く知ることができる立場にいます。「根回し」によって、あなたの意見を上司に伝えることができるかもしれません。しかし、それをするためには、経験豊富な上司を説得できるだけの「材料」が必要です。

・根回しせずに玉砕、土壇場で反対者が登場

もし「根回し」が面倒だからと十分に行わなかった場合、上司や上位上司の意向をくつがえすことは容易ではありません。会議で上司の意見に賛成する第三者が出てきた場合には、数の上でも負けることになります。「根回し」は上司に対してだけではなく、会議に参加するメンバー全員に対して行うのが理想ですが、その範囲が不足しているのかもしれません。

・文書作成能力やプレゼンスキルが低い、効率的な文書作成ツールや効果的なプレゼンツールを使っていない

どんなに情報収集を行っても、それを分かりやすく資料化できなかったり、上司に分かりやすく説明できなかったりするために、意図したことが十分に伝わっていないのかもしれません。資料のストーリーが複雑だったり、余計な枝葉を盛り込み過ぎたり、曖昧な言葉を使ったりしていることが、差し戻しの原因であることもあるでしょう。

・報告のタイミングが適切でない

上司とコミュニケーションを取ろうと思っても、拒絶される場合があります。上司も仕事をたくさん抱えているので、声を掛けるタイミングが適切でなければ、ネガティブな印象を与えてしまいます。

・否認されたときに、上司の差し戻し理由・真意を確認していない

あらたまって上司にヒアリングをしなくても、「差し戻し」の際に否認の理由を説明さ

れているはずです。上司の説明が十分でないと感じたら、そのときにすぐに真意を確認することで、無駄な時間を省くことができます。

・そもそも上司との信頼関係がない

そもそも上司との間に信頼関係がない場合には、たいていのコミュニケーションは失敗しますし、「根回し」も功を奏しません。上司との良好な人間関係・信頼関係を築けていないことが、差し戻しを多くしている原因なのかも知れません。

以上、いろいろと考えられる原因を列挙してきました。人によっては、もっとほかの理由も考えられることと思います。具体的になればなるほど、その人にしか分からない原因があります。

個別の事情があることは承知のうえであえて言わせていただくと、表面上のさまざまな原因だけでなく、多くの事例に共通するコアな原因が存在します。それは、あなたと、上司と、上位上司の間で、「顧客（クライアント）の利益」に対する理解や優先度が異なっていて、そもそもの提出物作成に関する必要性や目的や目標水準の認識が一致していない、ということです。

提出物、ひいては顧客への成果物のクオリティを高める真の目的は「顧客の利益」に適っているかどうかです。

あなたが頑張って上司の承認をなんとか得ることは真の目的ではありません。上司が自分の考えを実現して満足を得ることも真の目的ではありません。上司が上位上司に有能だと評価されることが真の目的でもありません。

あなたは、部下の役割を果たして、上司の承認を得ることができるかもしれませんが、上司を突破することだけを考えていると、分析も対策も浅くなってしまいます。

そもそも、その仕事は誰のためにやっているのかをあらためて考えてみましょう。そして「顧客（クライアント）のため」という真の目的が見えてくれば、そこで初めて、上司と共通の言葉で議論することができるようになります。

ステップ5　プロセスを改善する

分析の次は、【プロセスの改善】に進みます。

どのような原因が最も重要であると分析されたかによって、どのようにプロセスを改善するかも、まったく変わってきます。ここでは、主要な原因として「根回し」の不足が特定された場合について触れておきましょう。

例えば、上司の求めている提出物が「ぐっとくる企画」だとしましょう。このとき、提出物がいかに「ぐっとくる企画」であるのかを、提出物だけで説明するのは困難です。「ぐっとくる」とひとくちに言っても、さまざまな「ぐっとくる」がありますし、その説明を提出物のなかだけで行うのが難しい場合もあります。

そういう場合は、自らの提出物がいかに「ぐっとくる」ものであるかを、提出物とは別に、上司に対してあらかじめ説明しておく必要があります。これがいわゆる「根回し」です。

「根回し」とは、もともとは庭づくりにおいて樹木などを移植するにあたって、木の根元の周囲を掘って、細かい根をあらかじめ切っておくことを指します。この「根回し」を十分に行わないと、細かい根が深くしっかりと地面に張っているため、樹木を掘り出すことができません。つまり、経験豊富ではあるけれども旧来の考えに固執しがちな上司の頭を新しい次元に移すためには、あらかじめ十分な説明という「根回し」をしておかねばならないのです。

ガーデニング用語の「根回し」が転じて、今では「ある目的を実現するために、関係各所にあらかじめ話をつけておくこと」を「根回し」と呼ぶようになりました。

日本企業では、会議は議論して結論を出す場ではなく、あらかじめ「根回し」によって決められた結論を「承認」するだけの場だなどと否定的に語られることがあります。しかし、提出物だけで、そこに込められた思いをすべて読み取れというのは不親切です。丁寧な説明が必要であり、それによって提出物の印象を変えることができるのであれば、積極的に行うほうがよいでしょう。

「根回し」を行うのは、樹木が枯死するのを防ぐためだという説があります。それと同様に、仕事の「根回し」も自分のためではなく、相手のために行う「思いやり」の面があります。

好き嫌いはあるかもしれませんが、「根回し」によって「差し戻し」がゼロになる可能性が高まるのですから、ぜひ取り組んでみてください。

「根回し」の効用はもう一つあります。「根回し」の過程で上司と直接話し合うことで、上司の考えや求めていることをより深く知ることができます。ここで得た知識を活かして、実際の提出物の提出物作成に取り組むことができます。

提出物が完成した後は、上司へ提出してフィードバックを受け取り、必要があれば修正し、それから正式な稟議にかけます。


このような対策が功を奏するようであれば、「情報収集」「提出物シナリオ設計」の後に「上司への根回し」という手続きを追加して、本格的な作成作業に入る前に意識を合わせておいたり、「上司の承認」と「上位上司の承認」の間に、「関係者全員への根回し」という手続きを追加したりするのもよいでしょう。

［図表 13］提出物の差し戻し

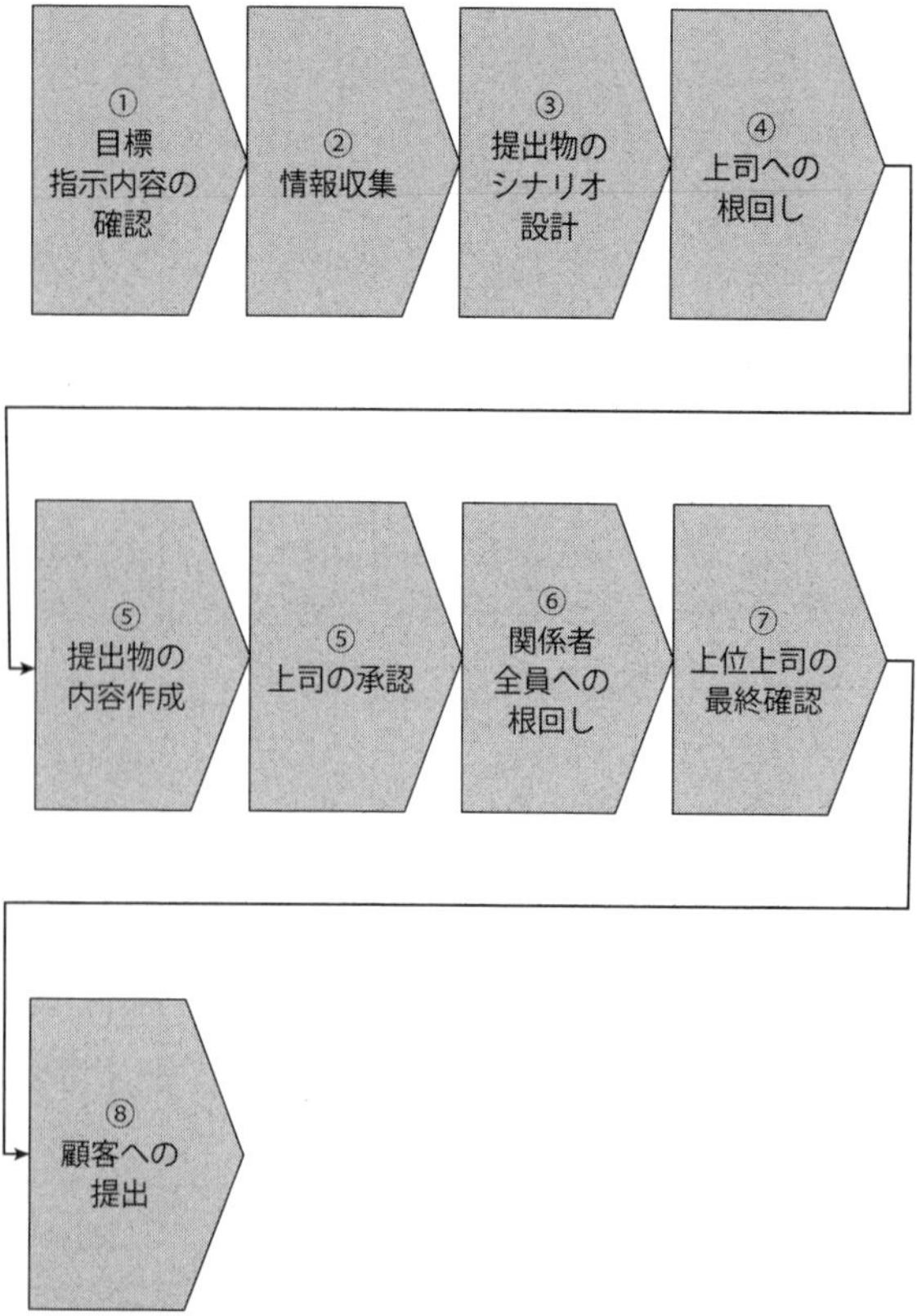

ステップ6　プロセスの再測定・ステップ7　プロセス定着

続いて【プロセスの再測定】で「差し戻し回数」が減ったことを確認できれば、【プロセスの定着】で、根回しの際に注意すべきことのチェックリストを作るなどして、プロセスに磨きをかけていくことになります。

提出物の差し戻しを減らすための７つのステップ

1. 目標定義	顧客にとってのビジネススピードや品質の向上を図るために、提出物の差し戻しをゼロにする（一発オーケーをもらう）
2. 見える化	(1) 目標指示内容の確認→ (2) 情報収集→ (3) 提出物のシナリオ設計→ (4) 提出物の内容作成→ (5) 上司の承認→ (6) 上位上司の最終確認→ (7) 顧客への提出
3. 測定	• 差し戻し回数 • 差し戻し理由
4. 分析	• 上司と必要性・重要性の認識がズレている • 上位上司や顧客のニーズの理解が不足している • 事実データがそろっていないため説得力がない • 関係者との根回しが不足している • 資料作成やプレゼンテーションのスキルが不足している • 報告のタイミングが適切でない • 差し戻しの際の理由をよく確認していない • そもそも上司との信頼関係がない • 顧客ニーズの理解にバラツキがある
5. 改善	• 資料だけでは伝えづらいことを「根回し」で伝えておく
6. 再測定	• 差し戻し回数 • 差し戻し理由
7. 定着	• 「根回し」を含むプロセスの標準化 • 「根回し」のポイントのチェックリスト化

メールが溜まって返信を忘れてしまう

　オフィスで働くホワイトカラーの仕事に今でも欠かせないものは、パソコンとメールではないでしょうか。

　無関係な他人をシャットアウトできるＳＮＳに比べて、メールは相手が誰であっても基本的には受信してしまう特性を持っています。その結果、メールボックスは、不要なメールであふれかえります。多くの企業がすでに、メールに限らないさまざまなSoE（人のつながりのためのシステム）を導入しています。しかし、現在の日本のビジネスにおけるコミュニケーションの主流はまだまだメールであり、好むと好まざるにかかわらず私たちは毎日大量のメールを受信し、そのなかから必要なものを探しだして返信せねばなりません。

　ここでは、メールが溜まって返信が遅れたり忘れたりしてしまうという、最も致命的なミスについて、「7つのステップ」による「プロセス改善」を見ていきましょう。

ステップ1　改善目標を定義する

まずは【改善目標の定義】です。素直に考えると目標は「メールの返信を忘れないこと」になりますが、これではちょっと定義が曖昧です。

例えば、どのメールがどの時点で「返信を忘れた」ことになるのか、明確に定義することができません。

分かりやすく「すべてのメールに2日以内に返信する」ことを目標にすると、緊急性の高いメールでは遅過ぎるし、重要性の低いメールに対しては厳し過ぎる目標になるでしょう。

そこで、ここでは「自分のメール処理の遅れや漏れが原因で、誰かに迷惑を掛ける件数をゼロにする」を目標とします。すべてのメールを迅速に処理するというのではありません。返信不要なメールは放置しておいてよいですし、緊急に返信が必要なメールには直ちに返信すべきです。返信を忘れたら誰かに迷惑をかけるようなメールについては、これを手元に溜めて遅れたり忘れたりするのを、ゼロ件にする。これを目標にしましょう。

ステップ2　プロセスを見える化する

次に【プロセスの見える化】です。メールボックスを開いてから行っていることを思い浮かべ、簡単に紙に書き出してみましょう。

おそらくほとんどの人は、未読メールを開いて既読にしつつ、必要なメールに返信するか、後ほど返信するためになんらかのマークをつけるなどの作業をしていると思います。

不要なメールは既読にして、返信が必要なメールは未読のままにするとか、受信箱に残したままにするとか、人によってやり方は違うと思いますが、とにかく返信の必要なメールを分かるようにはしているはずです。そして、定期的に、または気が向いたときに、または自席に戻ってきたときに、溜まっている未返信のメールを一件一件見返して、今返信すべきメールがどれであるかを考えて、必要に応じて返信した後、返信済みの状態にするでしょう。このように、改めてメール処理のプロセスを書き出してみると、「溜まっている未返信のメールを一件一件確認する」という、何度も繰り返されるプロセスがあることに気づきます。そして、このプロセスが、いつ起動されるのかが、明確に決まっていない、ということにも気づきます。

ステップ3　プロセスを測る（改善前）

さて、プロセスが見えるようになったところで【プロセスの測定】をしてみましょう。毎日何度くらいメールボックスを開くのか、そのたびに未読メールがどれくらい溜まっているのか、そして後に返信することにしてマークを付けてから、実際に返信するまでにどれほどの時間が掛かっているのか、返信ミスがどの程度の頻度で発生しているのか、などを測ってみれば、いろいろな事実に気づけるでしょう。一方で、あまりにも多くのデータを精密に測定しようとすると、それだけで疲れてしまいます。今回は、【改善目標の定義】で、「自分のメール処理の遅れや漏れが原因で、誰かに迷惑を掛ける件数をゼロにする」を目標としたので、「未読・未返信のメールがどれくらい溜まっているか」「そのうち、自分の処理の遅れや漏れによって誰かに迷惑を掛けるメールが何通あるか」を測ってみましょう。組織的に行うプロセス改善と異なり、個人のプロセス改善では、それほど厳密に測定する必要はありません。数回メールの滞留状況を客観的に観察してみて、「だいたい平均30通くらいメールを溜めていて、もしも自分がメールの処理を遅らせたり忘れたりした場合に、誰かに迷惑を掛けてしまうのは、そのうち5～6通くらいかな」といった状況が分かれば、それで十分です。

ステップ4　プロセスを分析する

その次はいよいよ【プロセスの分析】です。【プロセスの見える化】と【プロセスの測定】を通して未読・未返信のメールが常に一定数は溜まっていること、それらを処理するタイミングが明確には決まっていないこと、そして、溜まっているメールのなかに「自分のメール処理の遅れや漏れが原因で誰かに迷惑を掛けるメール」が一定数埋もれていることが分かりました。

ここで「なぜ」と自問してください。

「なぜ」と問わずに「とにかく素早くメールを返そう」「溜まっているメールを確認する時間を決めて毎日何度も確認するようにしよう」「自分のせいで他の人に迷惑がかかるかもしれないメールは、ほかの作業を全部止めて最優先で処理しよう」と、簡単に思い付く対策に飛びついてはいけません。それが簡単にできるなら、とっくにやっていたでしょう。

現状の「やり方」で問題が起きている以上、同じ「やり方」を強化するだけでは、将来的にも再び問題が起きる可能性は捨てきれません。何か新たな方法が必要なのです。

ここで立ち止まり、グッと我慢して、「なぜ」と深く深く自分に問い掛けることが、プロセス改善の最大のコツであり、奥義なのです。……と、言っても、難しいことではありません。実際にその場に立って、自分をじっくり客観的に見てみれば、そこに必ず答えがあります。「これは返信しなければならない。でも、返信内容がすぐには思い浮かばない。あと回しにしよう」「返信内容は思い描けているが、丁寧で分かりやすい日本語にするのが面倒くさい。後回しにしよう」「メールがたくさん溜まっていることは分かっているし、そのなかには、自分が返信しないとほかの人に迷惑をかけてしまうメールが含まれていることも分かっているが、一件一件確認し直す作業にはうんざりだ。この作業を今やらなければならないというルールはない。あと回しにしよう」「あのメールは明日中に返信しないと相手に迷惑を掛けてしまうが、明日は午後に空き時間があるし、今やらなくても間に合うはずだ。あと回しにしよう」

こうして、プロセスを見える化し、その場に立って事実を見つめれば、「なぜ」の答えが見えてきます。

「ついつい面倒になってあと回しにすることで、メールが溜まっていき、返信や遅れや漏れのリスクが高まっていく悪循環」が判明しました。

なぜメールの処理をあと回しにして溜めてしまうのかと考えたときに、出てきた答えは「面倒くさい」でした。しかし「面倒くさい」でメールを溜め込んでしまうと、余計に「面倒くさい」ことになっていたのです。

その原因を突き詰めると、「自分ですぐには対処が思い浮かばない場合が多い」「実質とは無関係な日本語の体裁を整えることがプレッシャーになっている」「溜まったメールの棚卸作業が心理負担になっている」「今後の自分の処理能力を過信している」といった「本当の原因」が次々と明らかになってくるのです。

ここで判明したすべての原因について、アイデアをたくさん出して対策を検討していくのは大変なので、目標に対して最も影響を与えていると思われる原因を選びましょう。その他の原因は、今回の問題が片付いたら、また改めて対策を取っていけばよいのです。無理は続きません。少しずつ、継続的に改善していきましょう。

ステップ5　プロセスを改善する

原因が明確になったら、ここでやっと【プロセスの改善】を考えます。念を押しますが、【プロセスの分析】をすっ飛ばして【プロセスの改善】を考えるのは良くありません。すぐに思いつくような対策は、「本当の原因」に直接効くものではないことが多く、大袈裟で大変な苦労が必要な割には効果が少ない対策になりがちです。

ここで私自身が考えた対策は、メールボックスを開いたときに、そこにあるメールをすべてなんらかのかたちで即座に処理するルールを作ることでした。「毎回、処理内容を考えなければならないのが、面倒くさい」という原因が明確になったので、「迷わなくてもよいように、ルールを作る」ことにしたのです。

不要なメールはゴミ箱へ移動し、返信が必要なメールのうち定型的に処理できるものは、丁寧な日本語で書かれたテンプレート（雛形）を使って即座に返信して、処理済みのフォルダに移動し、調べごとが必要など返信に時間が掛かるメールはそのまま受信箱に残して次回に回すなどの作業を、メールボックスを開くたびに行えば、受信箱に溜まっているメールは少なくなります。こうして「受信箱を開くのも面倒くさい」という心理的負荷を下げることができます。

メールを溜めてしまうと、溜まったメールのなかから必要なメールを探したり、あるいはそのなかからどれを最初に処理しようかと考えたりと、不必要な時間の無駄が生まれてしまいます。メール処理を即決即断するためには、よく来るメール、返信に時間が掛かりそうなメールの処理方法をあらかじめ決めておくことが有効です。

私の場合は、仕分けのルールを策定し、保管・一時保留するメールを決めるためのルールも作り、返信や転送のテンプレートを何種類かあらかじめ作成して、日本語の作文で悩む時間を減らしました。

そして、これは少し勇気のいることでしたが、「自分のメール処理の遅れや漏れが原因で誰かに迷惑をかける件数をゼロにする」を目標とした以上、「期限が明記されておらず重要度の低い依頼メールは、返信せず処理済みにしてしまう」「自分以外に適任者がいる場合はすぐに転送してしまう」「いつかやらねばならないが先のことであるならば、スケジューラ上で作業時間を取ってメモ欄にメールの内容を丸ごとコピーし、当面は忘れる」といった仕訳ルールも追加しました。

「面倒くさい」という心理について、「未処理メールを溜める」ことが「本当の原因」であると分析できた以上、その原因を潰すために確実に効く（そして実行が面倒ではない、無理のない）対策を考え、とにかく「実行」してみるのです。

ステップ6　プロセスを測る（改善後）

新たな運用ルールのもとでしばらく試行してみてから、【プロセスの再測定】で改善効果を測りました。いくつか改善点が見つかりましたが、基本的にはいつでもメールボックスが空っぽになっていて、来たメールがすぐに処理され、ミスがなくなっていることが分かりました。

最初の【プロセスの測定】と比べてみると、「未読・未返信のメールがどれくらい溜まっているか」は30件程度から0件に、「そのうち、自分の処理の遅れや漏れによって誰かに迷惑をかけるメールが何通あるか」も5～6件から0件になりました。これは劇的な効果だと言えるのではないでしょうか。

「自分のメール処理の遅れや漏れが原因で誰かに迷惑を掛けないこと」という改善目標も、

十分に達成されたと実感できています。

さて、今回のプロセス改善はうまくいったのですが、これがずっと持続できるとは限りません。今の仕分けルールでは対処できない、新たな種類のメールが舞い込んでくるようになるかもしれません。それがきっかけでメールが溜まり始めて、元の木阿弥になってしまう、というのは、よくあることです。

ステップ7　プロセスを定着させる

そこで【プロセスの定着】を図る必要があります。時々、どう処理しようか悩むメールがあったので、仕分けのルールを、改めて文書として整理してみました。

あまりルールを複雑にすると覚えられなくなる恐れがあるので、ルールはシンプルになるように心掛けています。「今、受信箱に長期間居座っているこのメールの処理を、私は『なぜ』面倒くさいと感じているのだろう」という分析を繰り返し、「本当の原因」を見つけ、その「本当の原因」を正確に射貫く必要最小限の対策だけをルールに追加します。

こうして、プロセスとルールを、無理なく少しずつ進化させていけばよいのです。この方法は、今のところは順調に回っています。

[図表 14] メール返信

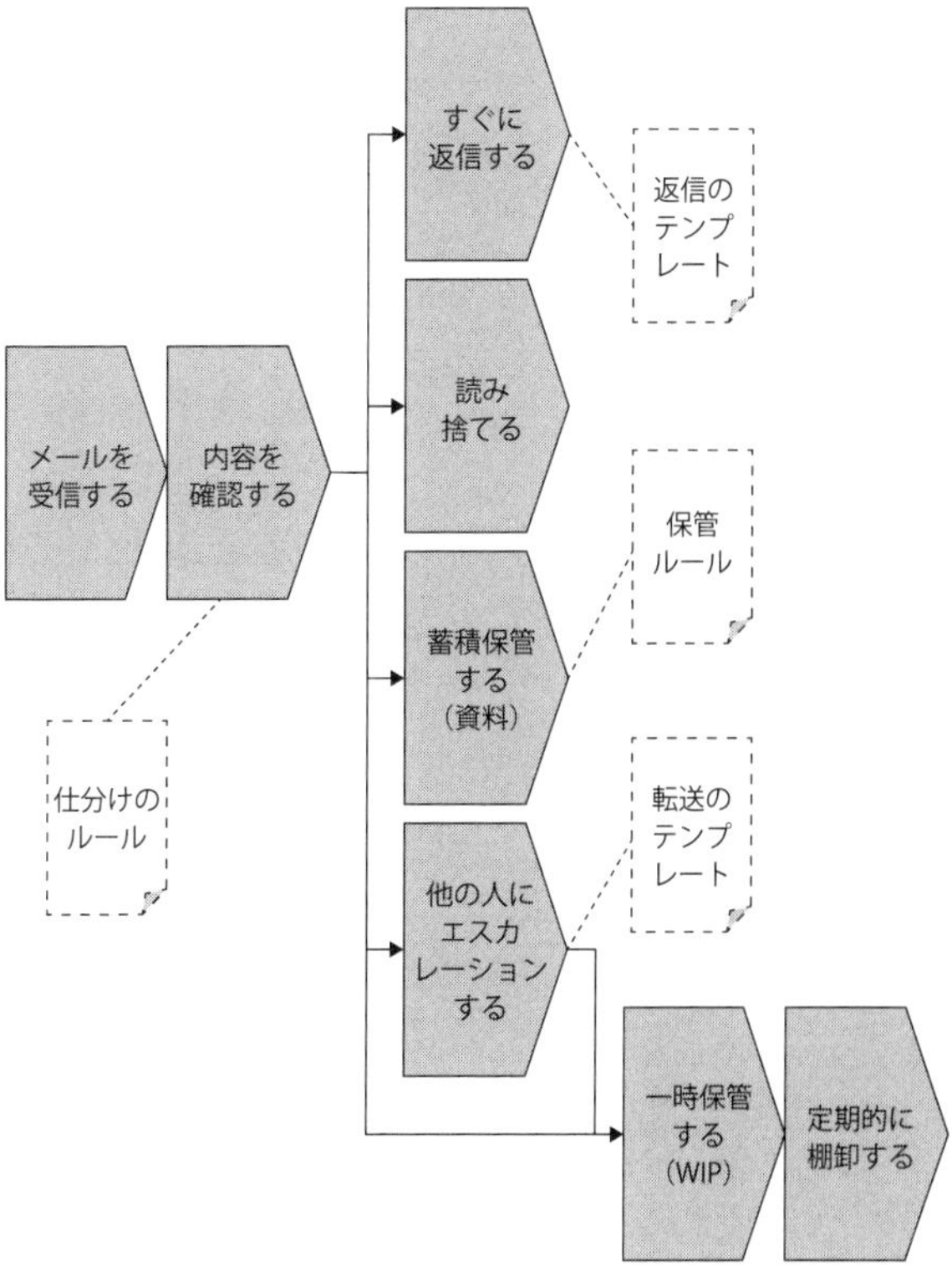
メールを受信する
内容を確認する
仕分けのルール
すぐに返信する
返信のテンプレート
読み捨てる
蓄積保管する（資料）
保管ルール
他の人にエスカレーションする
転送のテンプレート
一時保管する（WIP）
定期的に棚卸する

メールの返信を忘れないようにするための７つのステップ

1. 目標定義	自分のメール処理の遅れや漏れが原因で、誰かに迷惑をかける件数をゼロにする
2. 見える化	(1) メールボックスを開く→ (2) 未返信メールを１件１件チェックする→ (3) メールの取り扱いを判断する（保留・転送・返信）
3. 測定	• 受信箱に溜まっているメール数 • それらのうち、自分の遅れが誰かの迷惑になるメール数
4. 分析	• 溜まっているメールの確認が面倒で「あと回し」にする • 溜まっているメール数が多いので面倒になる • メールの取り扱いの判断基準がなく毎回悩んでいる • 自分の能力を過信してあと回しにしている
5. 改善	判断基準の明確化・ルール化（迷いをなくす）
6. 再測定	• 受信箱に溜まっているメール数 • それらのうち、自分の遅れが誰かの迷惑になるメール数
7. 定着	ルールを公式に文書化する

会議の時間が長くて効率が悪い

会社において、非効率が顕著に表れているように思われるのが「会議」です。決められた時間を大幅にオーバーする長時間の会議、揚げ足取りや混ぜっ返しが多くて話が先に進まない会議、時間が掛かった割には結論が明確にならない会議などが、長時間労働の原因になることも多々あります。

会議の効率的・効果的な進め方は、それだけでも一冊の本になるくらいニーズのあるノウハウですが、考え方の基本は「プロセス思考」で説明することができます。「7つのステップ」の順に見ていきましょう。

ステップ1　改善目標を定義する

最初に【改善目標の定義】を行います。

これから会議の改善活動を「7つのステップ」に沿って始めるにあたり、最初に明確にしておかなければならないことは「どのような会議について」「何をどこまで改善したいか」という「改善の目標」を明確にすることです。そして、「どのような会議を改善の対象にするのか」を明確にするためには、会議の種類と、それぞれの会議が達成すべき「会議のゴール」が具体化されていなければなりません。

「会議」と言えば、もうそれだけで「多くの人を長時間拘束し、生産性が低い」というイメージがありますが、もしどのような会議でもそうなのであれば、そもそも会議を開催する意味はありません。確かにしばしば「長時間」で「生産性に欠ける」会議を見かけることはありますが、それでもビジネスにとって意味があるものだからこそ、多くの会社で毎日のように会議が行われているのです。

ですから「会議が長くてイヤだ」からといって「会議を短くする」ことを「改善目標」にするのは間違っています。ただ「短くする」だけなら、会議の質や量を落とすだけでも短くはなります。しかし、それでは「会議のゴールを」達成したことにはなりません。

では、会議のゴールには、どのようなものがあるでしょうか。

もしかすると一見「ゴール」が設定されていないように見える会議もあるかもしれませ

んが、それは「ゴール」が明確になっていないだけであり、会議を開催する以上、本来そこにはなんらかの「ゴール」が存在するはずです。例えば、以下のようなゴールがあるでしょう。

- 経営者の意思を参加者に理解してもらい、指示事項を正確に伝え、実行に移してもらう
- チームの検討結果を上位の管理職に伝え、有効性を納得してもらい、検討案を承認してもらう
- 複数の選択肢を参加者全員に説明し、公正に評価して、実行策を1つに絞り込む
- 利害が対立する部門が一堂に会し、直接議論を戦わせて、妥協点にたどり着く
- 有識者を集め、問題の原因候補や対応策のアイデアを、網羅的に出し合う
- 参加者がお互いを知り合い、親睦を深め、後の仕事が円滑に進むようにする

一つの会議時間内に複数のゴールが設定される場合もあるでしょうが、いずれにしても「ゴール」は、「達成できたか達成できなかったか」が明確に分かるような具体的なもので

ある必要があります。ただ手元のメモを読み上げるだけ、ただ参加者がおしゃべりをするだけで「ゴール」を持たない会議であれば、開催する前から「長時間」で「生産性の低い」ものになるのは当然です（そもそも「生産性」を定義することすらできません）。

こうして、会議が達成すべき「ゴール」を明確にしたうえで、その会議の改善目標を定めます。例えば以下のような改善目標が考えられるでしょう。

- ゴールを設定しない会議をゼロにする
- ゴールを達成できない会議を10％未満にする
- ゴールに到達するまでの会議時間を80％に短縮する
- 会議に要する総工数を半分にする
- 発言しない参加者をゼロにする
- 参加者を半分にする

ステップ2　プロセスを見える化する

次に【プロセスの見える化】です。さきほど述べたように、会議には必ず「ゴール」がありますす（あるべきです）から、この会議で何を達成したいのか、もし時間がなくなった場合でも最低限どこまでを達成するべきなのかを、会議を準備する段階で、あらかじめ明確に設計しておく必要があるでしょう。

ゴールを設定できたら、実際の会議での議題項目や進める順番、時間配分を決めるスケジュール表（アジェンダ）を作成します。

どのようなイベントにも共通して言えることですが、ゴールの達成や理想の進行をイメージして、そうなるためには何が必要かを考えて準備をしなければ、成功は望めません。当日何が起こるか分からないのは承知のうえですが、できる限りの事前準備と想定されるリスクへの対策を行っておけば、自信をもって会議を開催することができます。こうして、「何をゴールにして」「どのように会議を進めるのか」が決まれば、参加者を確定して、会議開催通知を発行し、必要に応じて会議で使用する資料を事前に共有・配付することができます。

会議当日は、最初に参加メンバー全員で、会議のゴールとアジェンダを確認します。これによって当日の会議で何を達成しなければならないのか、そのために何をしなければならないのかが周知徹底されます。会議参加メンバーの間で「ゴール」がきちんと共有できていれば、無駄な検討や、ずれた発言が少なくなり、時間が無駄に費やされなくなります。

その後は、議事進行係（司会者、ファシリテータ）の仕切りのもとに、粛々と会議を進めます。参加者にゴールとアジェンダを予め説明してあるので、参加者は、会議で発言をする際に、その会議のゴールに対して貢献するものであるかどうか、今言っておかねばならないものなのかどうかを適切に判断することができるようになります。

議事が順調に進行して、すべての議題について話し合いが終われば、決定事項を全員で確認して、異議がないかどうかをチェックします。問題なく「ゴール」が達成されていることが確認されれば、無事に当日の会議は終了です。

会議が終わったあとも、開催者にはやるべきことが残っています。それは議事録の発行です。議事録は、当日、会議に出席できなかった人や、出席はしたけれども中身の理解に曖昧さが残っている人が、会議の模様を確認できる手段ですから、おろそかにはできませ

［図表 15］一般的な「会議」のプロセス

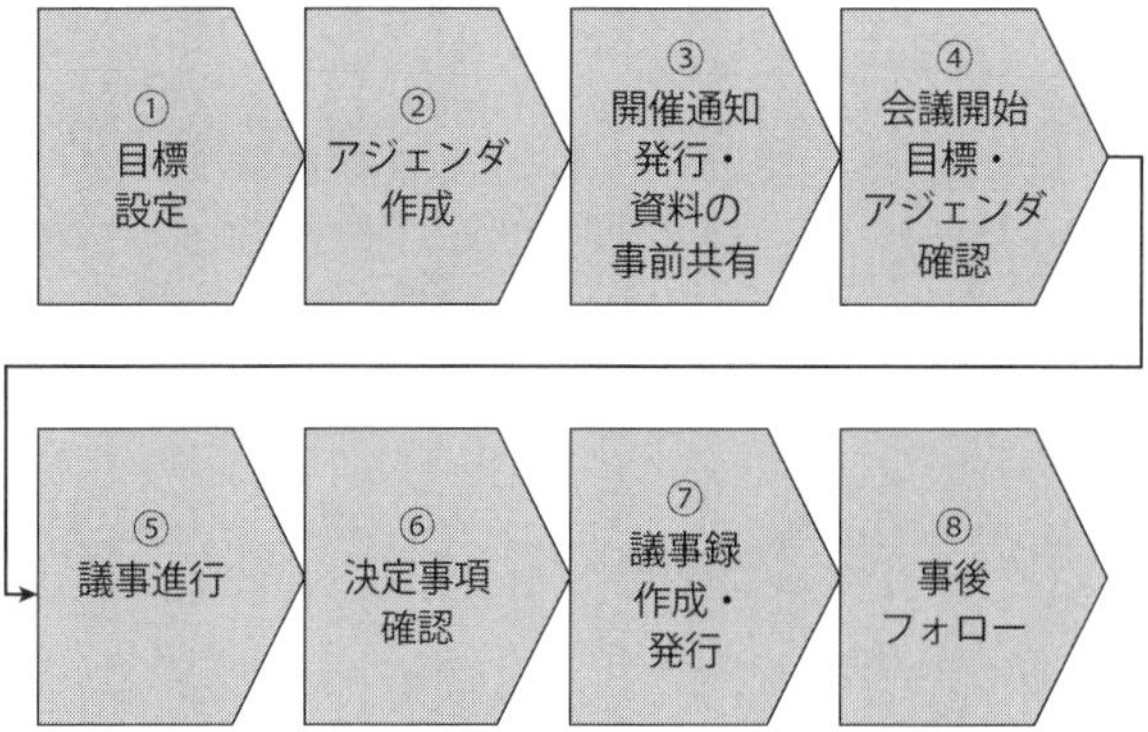

んし、後々の議論の蒸し返しを防ぐ意味でも重要です。なお、議事録は、必ずしもコンピュータでテキストファイルとして作成する必要はありません。会議中にホワイトボードに検討内容の要点や決定事項を書いて、日付や参加者を書き添えて、スマホなどで写真に撮るだけでも、十分、議事録になります。

　また、開催者は、会議の決定事項をメンバーが正しく実行しているか、勘違いをしていないかなどを確認するなどの、事後フォローをします。

　以上で、一般的な「会議」のプロセスを見える化することができました。

プロセスを見える化する意味は、会議に潜んでいる課題を漏れなく洗い出すためです。通常、会議といえば、当日の開催時間の内部だけしかイメージしないでしょう。優先順位を考えずに些末な問題にこだわって時間を長引かせる人とか、会議への参加に熱心ではなく内職をしている人とか、そういった会議の当日の場で生じている現象ばかりが目についてしまいます。

会議の現場で起きていることももちろん大切ではありますが、会議は現場だけで行われているわけではありません。ここで見たように、事前準備やアフターフォローも大切な要素です。そして、会議の現場で起きている問題の多くは、事前準備を徹底すること（ゴールを具体化し、アジェンダを設計しておくこと）で解消できます。会議に至るまで、および、会議が終わったあとの確認に至るまでの「一連の手続き＝プロセス」として、end-to-endで（端から端までの流れとして）とらえることで、会議というイベントで生じている課題の原因を漏れなく洗い出すことができます。

実際の会議のプロセスは、組織の事情や会議の目標に応じて、ここで示したようなプロセスよりもずっと複雑でしょう。本書で示したのは、あくまでも一般的な会議の流れです。

個々の会社の事情に合わせて、具体的に見える化する必要があります。会議の「ゴール」に応じて、いろいろなタイプのプロセスがあるので、それらの例も示しておきます。

[図表 16]「会議」のタイプ別のプロセス

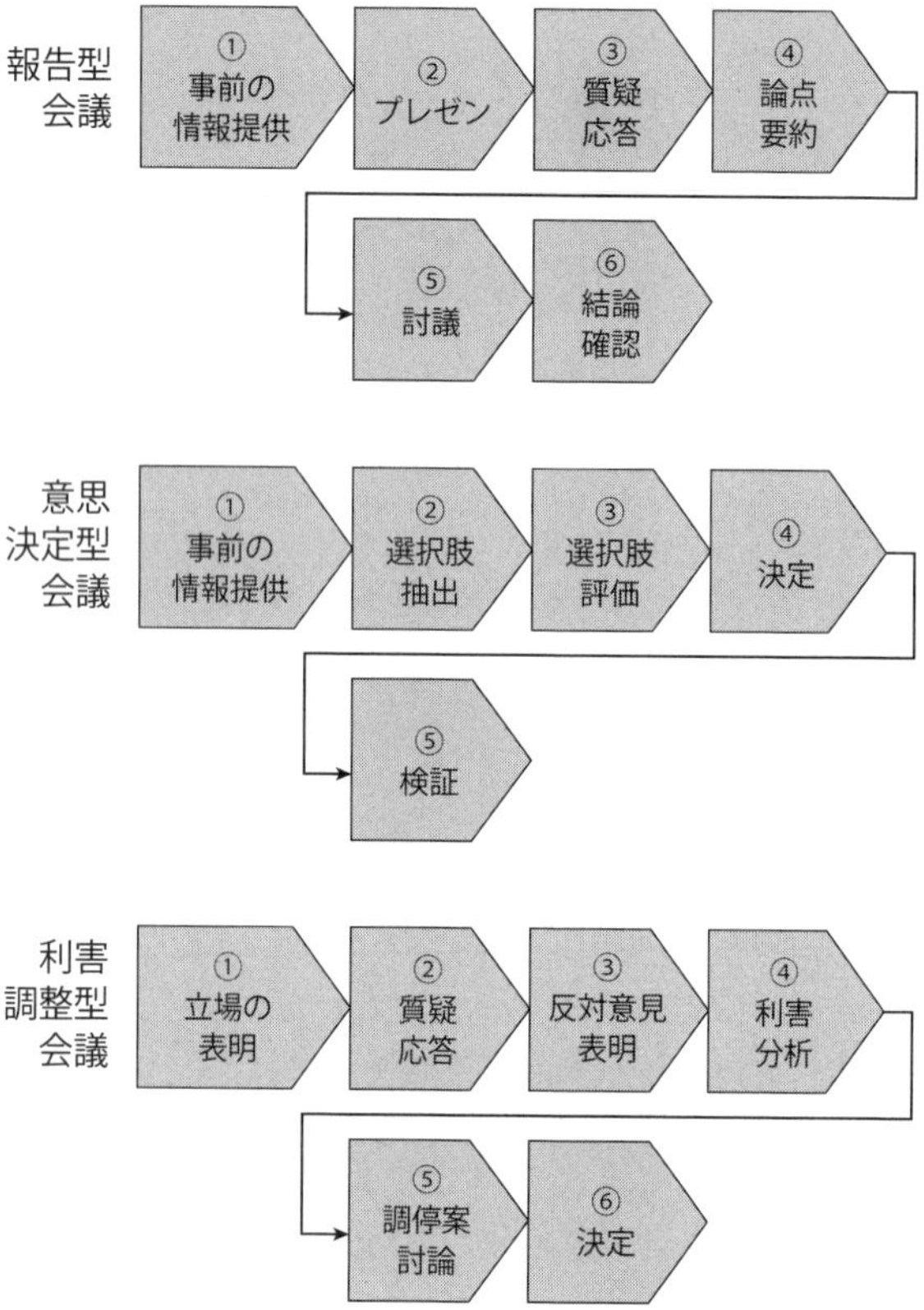

ステップ3　プロセスを測る（改善前）

さて、プロセスが見える化できたら、今度は【プロセスの測定】に移ります。

すでに【改善目標の定義】のステップで決めた目標に沿って、具体的に何をどうやって測定するかを決めます。もしも目標が会議時間の短縮であれば、あらかじめ決められた会議時間に対して、実際の会議時間はどうなっているのか（長引いているのか、短く終わっているのか）を測ります。アジェンダに定められた時間ごとに予定と実績のデータを採取しておき、実際の会議時間と、決められた会議時間との間にずれが大きい場合は、その議題になんらかの問題が起きている可能性があります。

また、改善目標が会議に要する工数の削減であれば、会議の開催頻度や参加人数もそれぞれ測定しておけば、これらの要素が会議に要する工数に対してどのように影響しているかの分析に役立てられるでしょう。事前準備や事後フォローにどれくらいの時間を掛けているのかも測定しておくとよいでしょう。

ステップ4　プロセスを分析する

次は、いよいよ【プロセスの分析】です。

ここまでで、【プロセスの見える化】によりend-to-endで会議に関する作業が漏れなく洗い出され、【プロセスの測定】で会議に関する客観的なデータが得られています。ですから、問題が発生している場所が明確になり、その問題の原因がどこで作りこまれてしまっているかも、漏れなく分析できるようになっています。

例えば、改善目標が会議にかける工数を減らすことであれば、アジェンダの予定に比して実際の時間が長引いてしまう箇所や、参加者の発言頻度の偏りについて、プロセスのどこにその原因があるのかを見つけていきます。

問題　会議の最後に決定事項の確認をするところで、時間を要してしまう

原因　達成すべき会議のゴールが定まっていないか、明確でない

問題　思った以上に時間が掛かってしまう議題があり、最後に時間が足りなくなる

原因　アジェンダが作成されていないか、議事の順番や時間配分が適切でない

問題　決定事項を確認する段階になってモメてしまう

原因　会議のゴールや進め方を参加者に説明していない

問題　資料の読み合わせや内容確認で多くの時間を使ってしまう

原因　資料を事前に配布していない

問題　まったく発言しない参加者がいる

原因　ゴールを達成するのに必要でない人まで会議に召集している

問題　会議に時間を費やしたが、議事録に書くべきことがない

原因　議題がないのに定例会なのでとりあえず集まっている

問題　一部の声の大きい人が延々としゃべって時間を消費している

原因　会議の進め方やルールを参加者に丁寧に説明できていない

会議の当日に起きる問題の原因は、多くが、会議のプロセスにおける「ゴールの設定」「アジェンダ作成」「会議開催通知の発行・資料の事前共有」「会議開始時のゴールやアジェンダの説明」の欠落や不十分さに起因しています。会議で起きている現象だけを見て、「議長のスキルが低い」「参加者の性格の問題」などと早合点してしまうと、真の原因を見落としてしまうことになり、結果として的外れな改善策を打つことになってしまいます。

ステップ5　プロセスを改善する

分析によって問題の原因が見つかったら【プロセスの改善】ステップで改善策を考えます。

問題の原因　達成すべき会議のゴールが定まっていないか、明確でない

改善策　アジェンダの最初に必ず会議のゴールを書くようにします。会議のゴールは漠然としたものでなく、会議の最後に「達成できたか、達成できなかったか」を参加者がハッキリと自覚できるよう、具体的なものにしましょう。参加者が理解できる言葉でゴールを明確に表現しないと、会議の参加者も何をしてよいのか分からず、発言が活発にならなかったり、思いつきを雑談のようにしゃべったりすることになります。

問題の原因　アジェンダが作成されていないか、議事の順番や時間配分が適切でない

改善策　目的が決まっていても、そこに到達するための方法が成り行き任せになっていると、ゴールにたどり着くのに必要以上に多くの時間が掛かることがあります。どういう順番で、どの議事にどれくらいの時間を掛けるのか、最低限の進め方はあらかじめ決めて、アジェンダを作成しておきましょう。慣れないうちは会議開催までのプロセスに「同僚や先輩にアジェンダを見てもらう」という手続きを組み込んでもよいでしょう。「ここはもう少し時間をとって丁寧に説明すべき」とか「ここは話し合うだけでは結論が出にくいので採点方法を決めて合意し短時間で絞り込みを行った方がよい」などのア

ドバイスをもらえれば、アジェンダをより良いものにできます。

問題の原因　会議のゴールや進め方を参加者に説明していない

改善策　会議のゴールや進め方を決めていても、それについて参加者になんの説明もしていなかった場合、参加者が道に迷ってしまいます。どのようなルートでゴールに到達しようと考えているのか、会議の最初に、時間を割いて、参加者に丁寧に説明するようにしましょう。アジェンダのなかに、「進め方の説明」の時間を明記しておけば、説明を忘れたり疎かにしたりするのを防ぐことができます。

問題の原因　資料を事前に配布していない

改善策　会議のゴールや進め方や当日の議題について、参加者には、当日の冒頭に説明するだけでなく、できれば事前に資料として配布しておきたいものです。もちろん、事前に資料を配布しても見てくれない人もいるとは思いますが、熱心な参加者は事前に準備したいと思っているものですし、少数でも事前準備をしてくれる人がいれば会議のクオリティが格段に向上します。会議開催通知に「事前資料」の欄を設けることで、配付忘れを防ぐことができます。もちろん、事前配付の必要がないならば、その欄に「なし」と明記すればよいのです。このように、プロセスの中に資料の事前配布の必要性を確認する手続きを組み込むことが重要です。

問題の原因　ゴールを達成するのに必要でない人まで会議に召集している

改善策　一般に会議は、人が多くなればなるほど時間が延びるものです。すべてのメンバーがなにかしらの発言をしようとするものですし、全員に理解させるための時間も長くなります。そこで考えてほしいのが、その会議に参加しているのは、本当に必要なメンバーかどうかです。本当に必要なメンバーだけを集めた少数精鋭の会議のほうが質も上がるし時間も短く終わるものです。会議開催通知を発行する際に、ゴールに達成するために必要でない人まで集めようとしていないか、確認しましょう。

会議には、会議時間と参加者の人数を掛け合わせた工数分の人件費が掛かっています。会議が達成するゴールの価値に見合う必要最小限の費用を掛ける、という意識も持ちましょう。

問題の原因　議題がないのに定例会なのでとりあえず集まっている

改善策　定例会議の場合、惰性で集まっていないかを確認してみましょう。もちろん、売上報告など定期的な情報の共有が定期的に開かれるのは必要なことですが、なかにはただ過去に必要だったからという理由だけで、なんとなく定例会的に開催されている会議もあります。会議の目的を再確認し、本当に必要な会議かどうかをチェックしてみましょう。定例会といえども会議開催通知は必ず発行するようにして、議題が少ないならあらかじめ会議時間を短くし、議題がないなら開催中止の連絡をしましょう。そうすることで、参加者はほかの作業に時間を割く計画を立てることができます。

問題の原因　会議の進め方やルールを参加者に丁寧に説明できていない

改善策　会議の当日における表面的な問題としてよく挙げられるのが、特定の人物による「長話」です。全員に平等に発言の機会が与えられるように、司会者は発言のルールや会議の進め方に関するルールを説明し、参加者の合意を取るようにしましょう。職位の上の人がポジションパワーを使わないようにするとか、相手を否定・非難する発言は避けて建設的な意見を述べるようにするとかの方針を、短くてよいのでしっかり説明しておきます。それでも当日、紛糾しそうであれば、事前に説明したり根回ししたりするなどの対応も必要になるでしょう。

私の経験してきたケースでは、会議における問題の多くは、開催者がアジェンダの作成や資料配付など事前準備を十分に行うことで、避けることができました。

また、場合によっては会議の司会進行役として、経験を持つファシリテータを立てることも有効です。司会進行役が上手に場を仕切ることができれば、不要な発言や長話を上手にカットして、いたずらに時間を延ばすことなくゴールに向かうことができます。

さらに、本当に必要なメンバーを適切に召集するにあたっては、テレビ電話などのＩＴ機器を活用した、遠隔会議も考慮に入れるべきでしょう。現在のテレビ電話は画質も音質も良くなり、その場にいるのと変わらない温度で会議ができるという人もいます。

ステップ6　プロセスを測る（改善後）

改善策を施したあとは、どれくらい効果があったかを【プロセスの再測定】で計測します。【プロセスの測定】で測定したのと同じ基準で、会議についてのデータを測定し、改善目標に届いているかを確認します。例えば会議時間の10％短縮を目標にしていたならば、施策実施前に測定した会議時間と、施策実施後に測定した会議時間を比べることになります。

私の経験した範囲では、アジェンダを必ず作るようにしたというだけで、それまで60分掛かっていた会議が、ゴールは同様に達成できているのに、50分未満になったというケースがよくあります。また、会議のゴールをチェックすることで、開催頻度や参加人数を減少させて、参加者から感謝されたという声もよく聞きます。

ステップ7　プロセスを定着させる

会議に関する改善活動では、最後の【プロセスの定着】ステップがとても重要です。

「プロセス思考」でなんらかの課題を解決した場合、改善当時は全員のやる気も高く、効果が見られたものの、時間が経つと、いつのまにか元の木阿弥になったということがよくあります。人間のやる気は刺激がなければ持続しないものだからです。

そこで、改善策を定着させるために、いくつかの方策の実施が必要になります。

例えば、会議効率化のガイドラインをきちんと文書で策定しておき、なおかつ、会議参加メンバーがいつでもそれを見て初心を思い出せるように、会議室に貼っておいたり、プリントして全員に配ったりすることが有効です。

また、勉強会やセミナーといったかたちで、会議効率化に関する定期的な教育を、社員に実施するのもよいでしょう。この方法は、一時的には時間などのコストが掛かるかもしれませんが、会社における会議の回数を考えれば、長期的には有効な手立てです。

さらに、会議時間や終了時間順守率を継続的に測定することで、元の状態に戻っていないかどうかをチェックすることができます。測定した数値は定期的に発表して、会議参加者の意識を高めるのに利用することもできます。

最初は小さな改善でもよいのです。改善したプロセスが定着すれば、より高い改善目標や、別の改善目標を立てる必要が見えてきます。こうして小さな改善を積み上げては定着させていくサイクルを繰り返すことで、組織の力を着実に高めていくことができます。

会議を効率化するための７つのステップ

1. 目標定義	• 改善対象の会議の種類と、その会議のゴールを定義する • より少ない工数で、会議のゴールを達成する
2. 見える化	(1) 目標設定→ (2) アジェンダ作成・事前準備→ (3) 会議開始・全員でアジェンダ確認→ (4) 議事進行→ (5) 決定事項確認→ (6) 議事録発行→ (7) 事後フォロー
3. 測定	• 会議に要する工数（会議時間、開催頻度、参加人数） • アジェンダの準備率、アジェンダと実際の進行の差異
4. 分析	• 目的が決まっていない • アジェンダが作成されていない • 目的やアジェンダを参加者に丁寧に説明していない • 資料を事前に配布していない
5. 改善	• アジェンダを作成し、目的を明記し、参加者に丁寧に説明する • ファシリテータを立てる • 資料を事前に配布している
6. 再測定	• 会議に要する工数（会議時間、開催頻度、参加人数） • アジェンダの準備率、アジェンダと実際の進行の差異
7. 定着	• 会議効率化のガイドラインの策定（会議室に貼る） • 会議効率化に関する定期的な教育実施 • 会議時間や終了時間順守率の継続的な測定

他の部署と連携がうまくいかない

ここまでは、ビジネスパーソンの読者が、一人でも取り組めるような事例を紹介してきましたが、最後に、私が普段お手伝いしている企業における業務プロセス改善の事例をあげておきます。個人にも企業にも「プロセス思考」は同じように使えます。

この事例では、「営業担当が、お客様からの注文を受け付けて、購買担当が発注を依頼する」というシンプルなケースを「プロセス思考」を用いて改善しています。読者であるあなたは、このプロセスの改善を任された改善リーダーになったつもりで読んでみてください。

対象となるプロセスは、営業担当から「これを買って」という依頼を受けて、購買担当が内容や在庫を確認した上で社外に発注を行うという、シンプルなプロセスです。

一見シンプルに見えるこの業務プロセスですが、お客さまからは「対応が遅い」というクレームをしばしば受けてしまっています。一方で、購買担当の月間残業時間は高い水準にあり、すでに負荷の高い状況にあります。

ステップ1　改善目標を定義する

最初に【改善目標の定義】です。

ここでは、上司との相談の結果、改善目標を「お客さまからの、対応遅れによるクレームをゼロにする」と置きました。その際、すでに購買担当の残業時間は高い水準にあるため、作業時間を増やさないよう留意することとしました。

ステップ2　プロセスを見える化する

次に【プロセスの見える化】を行います。

営業担当は日々お客さまからの注文を受け付けて注文伝票を作成し、上司承認を得てから購買依頼を行っています。また、後々確認が必要になったときのために注文伝票を台帳記録とともに保管しています。

購買担当は営業からの購買依頼を受け付けて在庫確認し、不足分について発注伝票を作成し、上司の承認を得てから発注を行います。また、後々確認が必要になったときのために発注伝票を台帳記録と共に保管しています。

[図表 17] 営業担当による発注までのプロセス

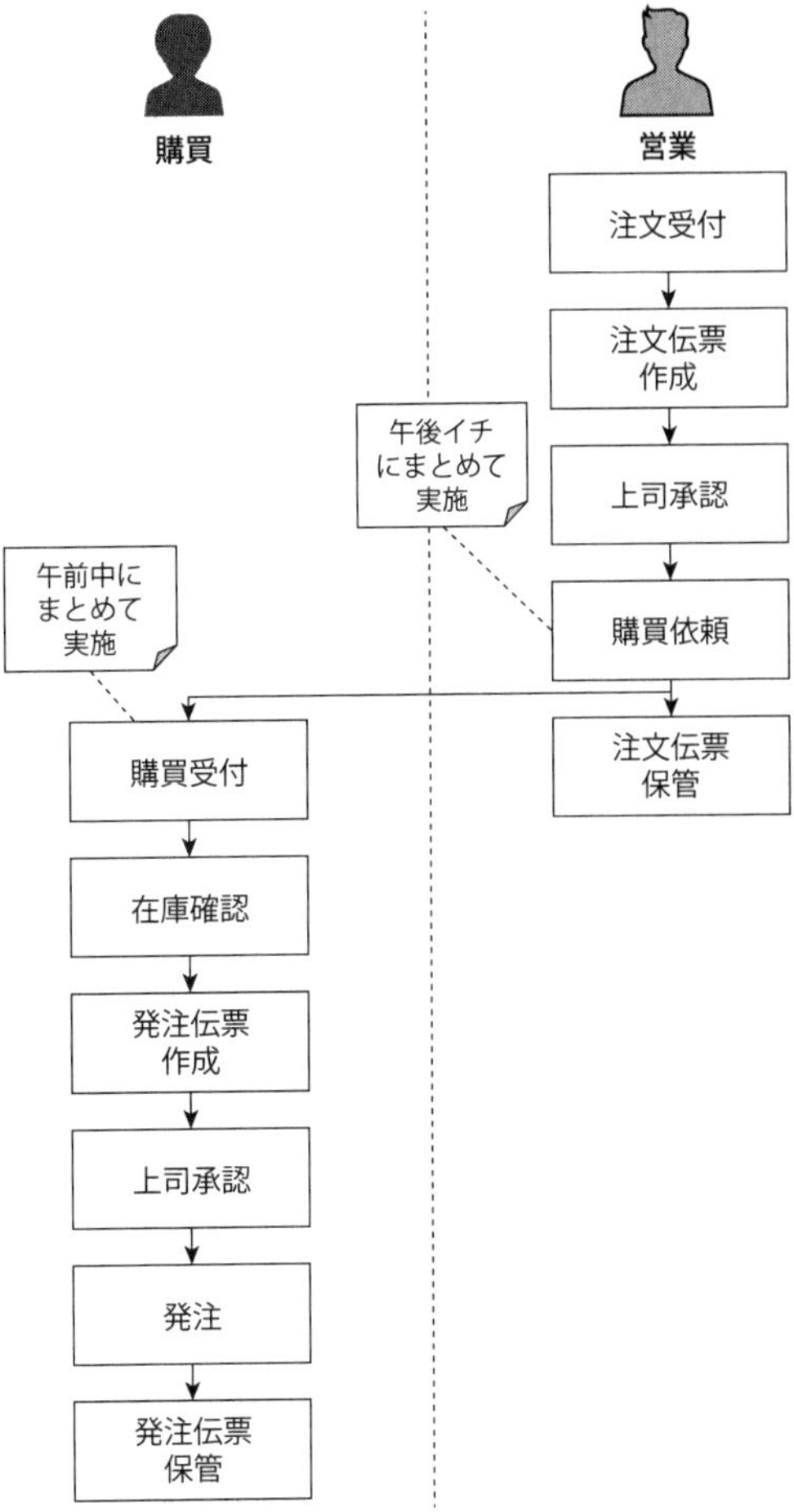

このような関係を分かりやすくするためには、図解が有効です。営業担当から購買担当への「入力を出力に変換する一連の手続き」、すなわち「プロセス」を目に見えるように描いてみましょう（図表17）。

ステップ3　プロセスを測定する（改善前）

見える化ができたら、【プロセスの測定】を行います。改善目標が「対応遅れによるクレームをゼロにする」なので、クレーム件数を数えます。また、対応遅れをなくしたいので、お客さまから受け付けた注文が、このプロセスのうえをどのように流れていくのか、どこで滞留しているのかも、このプロセスに沿って測定します。営業担当は、お客さまから注文を受け付けてから購買担当に依頼をかけるまではほとんどの場合30分以内で終わっており、購買担当も営業からの依頼を受け取ってから発注伝票作成を終えるまでの時間は2時間以内に収まっていました。購買担当が発注伝票の承認を上司に依頼してから、実際に承認されるまでの時間は、平均では1時間以内に収まっています。それぞれの部門で見る限り、特に時間が掛かっている作業はないように見えます。一方、プロセスに沿って見ていくと、「営業担当が購買依頼を行ってから、購買担当がそれを受け付けるまで」の経過時間も考える必要があることに気づきます。このデータは、どちらの部門も持っていなかったので、改めて測定することにしました。すると、ただ依頼を受け渡すだけなのに、多くの場合、1日ほど時間を要していることが分かりました。

ステップ4　プロセスを分析する

測定によってデータがそろったら【プロセスの分析】を行います。

対応遅れをなくすためにスピードアップできそうな箇所は、3つに絞られそうです。

(1)営業担当が購買依頼を行ってから、購買担当がこれを受け付けるまで
(2)購買担当が購買依頼を行ってから、内容確認・在庫確認を行って、発注を行うまで
(3)購買担当が発注伝票の承認依頼を行ってから、上司が承認を行うまで

この(1)について分析を深めるために、ヒアリングを行うことにしました。営業部門に実際に赴いてヒアリングしてみると、営業担当は、ほかの業務との兼ね合いで、購買依頼を昼食休憩直後の午後イチに実施する習慣がありました。一方、購買担当は、依頼された内

容の処理を午前中にまとめて行う習慣でした。多くの場合、購買依頼の受け渡しだけで一日近くの時間が掛かっていた原因は、この習慣によるものでした。

次に(2)について確認してみると、内容確認・在庫確認は手作業で行われており、購買担当者の負荷が大きい理由にもなっていました。

最後に(3)について確認してみると、営業担当の上司が確認・承認している内容の多くを、購買担当の上司も再度チェックしていることが分かりました。二重チェックといえば聞こえは良いですが、実際には購買担当の上司は内容を見ておらず、ここで差し戻しが発生することも過去にはなく、チェックは形骸化していました。承認が下りないと次の手続きに進めないうえに、上司は忙しいので、この段階での待ち時間が生じ、何時間も時間が過ぎてしまうということもしばしば起きていました。タイミングによってはすぐに承認がおりることもあるので、平均時間としては短かったものの、タイミングによっては一日以上も間が空いてしまうことがありました。

なお、分析の際、営業部門が行っている注文伝票の保管と、購買部門が行っている発注伝票の保管は、ほとんど同じ作業で、購買部門は注文伝票も受け取っているので、ここも二度手間になっている可能性がありそうでしたが、対応のスピードアップとは直接関係しないため、【改善の目標定義】の結果に照らし、分析の優先度を下げました。

こうして「一連の手続き」としてプロセス全体を見ていくと、手元の作業だけをどんなに眺めていても気づかなかった問題の原因に次々に気づくことができます。とかく人間は「自分の手元でできる改善」に集中しがちですが、会社におけるプロセスの上流と下流にまで視野を広げると、劇的に大きな改善機会が見つかるものだ、ということに気づいていただければ幸いです。

「一連の手続き」として仕事を見ることによって、つまり隙間のない手続きの連鎖として目に見えるようにすることで、見落としがちな隙間に気づくことができます。「プロセス」で考えることによって、問題の原因を漏れなく洗い出すことができるようになるのです。

ステップ5　プロセスを改善する

見つかった原因に対して【プロセスの改善】を検討します。

営業担当から購買担当に購買依頼を行うタイミングが固定化されている習慣については、

他の業務の習慣や会議時間の設定とも関係があって、簡単に変更できるものではありませんでした。それでも、「お客さまのクレームをゼロにする」ために、惰性で続いていた習慣は改め、定例会議の開催時間も見直し、溜めている依頼がないかを随時確認するようにしました。

購買担当の内容確認・在庫確認の手作業については、購買担当の増員、確認ツールの作成、内容確認を複雑にしている社内ルールの改訂などの改善策が上がりましたが、いずれもスピードアップには大きく寄与せず、検討や実施には購買担当の負荷が大きくなるため、改善を見送りました。

購買部門での承認行為の形骸化については、購買側では少額の発注については上司承認を撤廃して事後にまとめてチェックする方式に切り替えることにしました。

ステップ6　プロセスを測る（改善後）

改善を施したあとは、その改善策が本当に有効であったかどうか、しばらく実施しつつ【プロセスの再測定】を行います。

幸いにも、その結果、処理スピードが格段に向上し、「お客さまからの対応遅れによるクレーム」を劇的に減らすことができました。また、副次効果として、購買担当から「溜まった処理が一気に来ることによる精神的ストレスや残業も減った」というコメントも得られました。

ステップ7　プロセスを定着させる

最後の【プロセスを定着させる】ステップも忘れてはなりません。

部署をまたがってのアプローチになるため、それなりの権限を持つ管理者の公式なアサインメントによって、全社的な取り組みであることを表明し、改善策の徹底を周知します。改善したプロセスがきちんと守られているかどうか、定期的なチェックも必要です。このような定着の努力をしないと、習慣はすぐに元どおりになり、余計な二重作業が贅肉のように少しずつ溜まっていってしまいます。

「再測定」や「定着」ステップが重要なのは、「プロセス思考」においては「継続的改善」が何よりも大切だからです。「いきなりすばらしいプロセスを設計する能力」よりも

「まずは小さく骨格を作って、常に改善し続けていける能力」の方が、変化の激しいこれからの時代には特に重要だと私は思います。

この事例では、「自分あるいは自部署だけが頑張る」のではなく「全社的なプロセス全体で協調して解決する」ことで、劇的な改善効果を得られることがあることを示しました。部門を超えた改善を行うためには、普段から社内の風通しを良くしておくと共に、普段会話しない別チームのところにも改善のために勇気を出して会いに行くことが大切です。

このシンプルな事例では、原因も改善策も、すぐに分かる当たり前のようなことに見えるかも知れませんが、もう少しプロセスが複雑になってくると、問題の現象が生じている個所と、原因が存在する箇所が、遠く離れていたり、隠れていたりして、なかなか見つからないものです。

ですから、プロセス思考で「端から端まで隙間なく」原因を調べていくことが大切であると繰り返し強調して、本章の結びとさせていただきます。

［図表 18］ 全社的なプロセス全体で協調して解決する

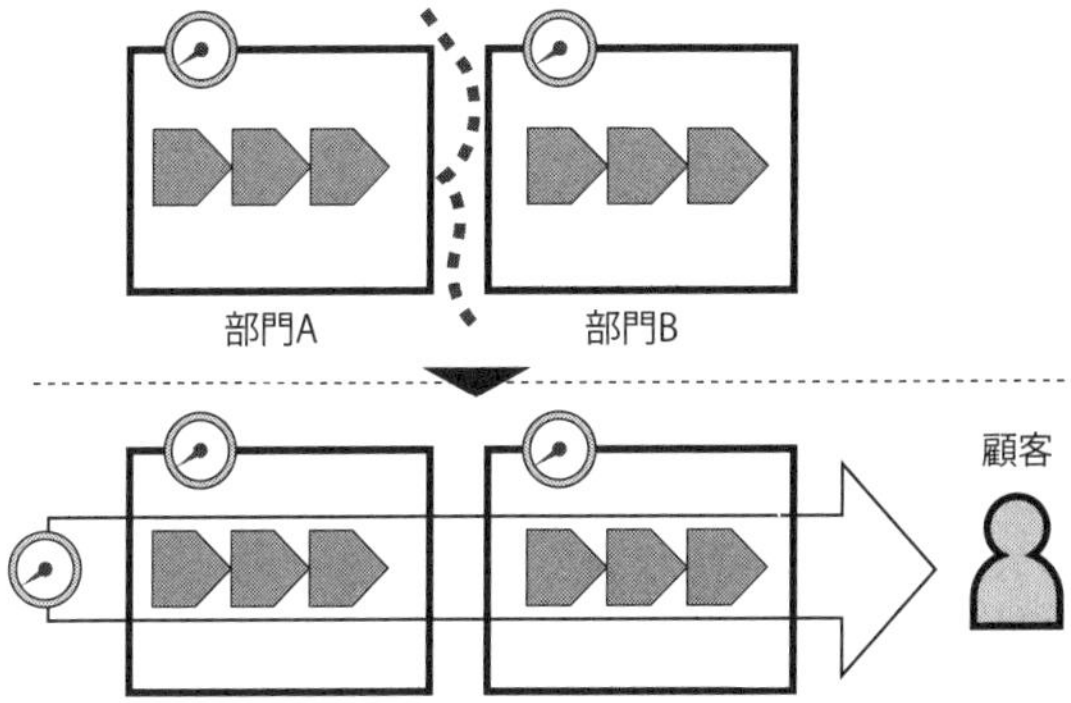

他の部署と連携をスムーズにするための7つのステップ

1. 目標定義	・お客さまからの、対応遅れによるクレームをゼロにする ・購買担当者の作業時間は増やさない
2. 見える化	営業部門：(1) 注文受付→ (2) 注文伝票作成→ (3) 上司承認→ (4) 購買依頼→ (5) 注文伝票保管 購買部門：(1) 購買受付→ (2) 在庫確認→ (3) 発注伝票作成→ (4) 上司承認→ (5) 発注→ (6) 発注伝票保管
3. 測定	・対応遅れによるクレーム件数 ・ステップ毎のリードタイム ・購買担当者の残業時間
4. 分析	・営業部門から購買部門への購買依頼のタイミングが、不適切に固定化・習慣化されていた ・購買部門での上司承認時間にバラツキがあり、チェックも形骸化していた
5. 改善	・営業部門から購買部門への購買依頼のタイミングを随時化する ・購買部門での全件チェックを事後モニタリング方式に変更する
6. 再測定	・対応遅れによるクレーム件数 ・ステップ毎のリードタイム ・購買担当者の残業時間
7. 定着	プロセスオーナー（部門をこえてプロセスのパフォーマンスに責任を持つ管理者）の公式アサインメントと、クレーム件数の継続的な計測

［第5章］

「プロセス思考」の体得で生産性は上がり続ける

プロセス思考を続けなければ、6カ月で元どおり

前章では「プロセス思考」7つのステップの具体的な事例を解説しました。

実際のケースを追ってみて、すぐに思い付く「改善策」に進まず、丁寧に「プロセスの見える化」や「測定」を行うことに、まだるっこしさを感じた人もいるでしょう。最終的な「改善策」が、最初に思い付いたものと同じになってしまった場合には、余計に「無駄」をしたように感じられると思います。

しかし、「測定」や「分析」は「プロセス思考」による改善の肝です。このステップをきちんと経ていないと、誤った「分析」のもとに、効果のない「改善策」で時間を無駄につぶすことになるかもしれません。

また、効果が上がった場合には、ステップ6「再測定」やステップ7「定着」などのフォローアップを面倒に感じた人もいるかと思います。

しかしながら「再測定」や「定着」も「プロセス思考」の重要な要素です。

前章で私は、「効果が出たら、大抵の人はそこで喜んで終わりになってしまう」、「定着

するような何かの方策を施さないと、いつのまにか元に戻ってしまう」と注意しました。

なぜかといえば「改善」前のそれまでのやり方にも、それなりに合理的な理由が存在しているからです。

誰しも一生懸命に働き、少しでも生産性を上げようと日々努力しているものなので、改善前のプロセスにも、それなりの論理や工夫を経たうえでたどり着いているものです。

例えば、以前のプロセス思考による分析と改善の結果、上長の承認という手続きが組み込まれたとします。それによって作業の品質が上がったとしても、工程に時間が掛かるようになったなどのデメリットも少なからず生じます。

プロセス思考では、メリットとデメリットを比較して、定義した目標に最も合致するかたちで改善策を選択するのですが、その結論に現場の人全員が納得してくれるわけではありません。

「いちいち承認を得るのは手間が掛かる」とか、「これまでうまくいっていたものを変える必要がない」とか、そういった理由で新しいやり方に心の底からは納得していない人もいます。昔のやり方にもそれなりの合理性があったからです。

ですから、意識的に新しいプロセスを「定着」させるように努力して、昔のやり方を懐かしむ流れに逆らわなければ、自然と元どおりになってしまうのです。

過去に戻ろうとする力は「現状を変えるのが面倒だ」という消極的な方向でのみ発生するわけではありません。「良かれと思って」前向きに考えた結果、自然と元のかたちに戻ってしまうこともあるのです。長い時間を掛けて作られた「元のかたち」には、それだけ強力な魅力や理由があるからです。

もちろん、プロセス思考によって編み出された「新しいかたち」が、いつまでも正しいということもありません。世の中は変化していきます。ですから、改善の意図どおりにプロセス改善の成果が発揮されなくなることもありえます。

その場合でも、なんとなく「元のかたち」に戻すのではなく、再び「プロセス思考」で考えるのが望ましいやり方です。世の中の変化によって、現状のプロセスが功を奏さなくなるような事態が発生したら、継続的な測定によって明示的に気づけるようにしておいて、「これはマズい」と認識したら、「7ステップ」による改善を再実行するのです。

しかし、そういう考え方を日常に仕込んでおかなければ、何か問題が起きたときに、また自然な流れで個々のメンバーが工夫をしてしまって、自然と元どおりになってしまうのです。

例えば、上長が交代したために、作業の品質に関しては見る目がなくなったとしましょう。文書化されたチェックリストも存在しませんでした。そのために、上長の承認を得ることが「不要」な手続きになってしまい、現場では承認を得ずに進めることがまかり通るようになったとします。

これでは場当たりな対策であり、元の木阿弥です。

作業の品質を上げるために、誰かのチェックが「必要」であり、その役目を上長が果たし得なくなったのであれば、代わりの人材をその役目にあてがったほうがよいでしょう。上長の承認を得るステップがデメリットだけになったからといって、現状を分析せずに手続き自体をなくしてしまうのは、「プロセス思考」に反しています。

明確な目標をもって、知恵を絞って測定・分析・改善のステップを経て作られたプロセスと、日常の感覚のなかで「こうしたほうがよいだろう」と思うプロセスとは、違うものです。

私たち人間は、放っておけば自然と後者のプロセスに流れ着いてしまうのですが、それでは、せっかく苦労して７つのステップを辿った努力が無駄になります。

「プロセス思考」で、時間を掛けて検討したことには、多くのアイデアと合理性が詰まっています。

「あれは、昔考えたことだから」と蔑ろにして、ゼロから自分で新しいことを考えたくなる気持ちは分かりますが、本当にそうすべきかどうかは、よく考える必要があります。気づかないうちに多くの成果を捨てて、僅かな自己満足のために「自分にとっては自然だが非効率なプロセス」に流れ着いてしまうことになるかも知れません。

プロセス思考は、一度だけ頑張って辿ってみればよいというものではなく、そのあとも延々と身に付けて使い続けていくべきものです。

このことを意識して努力しなければ、だいたい６カ月で元どおりになってしまいます。

いや、「６カ月で元どおり」なら、まだマシなほうで、実際には、周囲がどんどん進んでいくために、「元どおり」と言いつつも、「おいてけぼり」されていることになります。

その場にとどまるためには、全力で走り続けなければならない。
—赤の女王『鏡の国のアリス』より

なぜ「6カ月」なのかには、特に科学的な裏付けはありません。経験則です。「プロセス思考」に限らず、人の「想い」が風化する時間は、なぜか大抵6カ月前後だと思います。

年明けに立てた目標を、6月になる頃にはすっかり忘れてしまう人も多いでしょう。

改善活動も、1年続けようとすると途中で中だるみします。改革の成果の喜びも、1年後にはほとんど忘れられてしまいます。変化していく世の中で、人や組織の「想い」が持続するのは、おそらく半年が限界なのでしょう。

だからこそ、改革は思い立ったその時から半年以内にやりきらねばなりません。プロセスの定着も、少なくとも半年は風化しないように努力する必要があります。

そうやって「強くなること」、「強くなり続けること」を、「プロセス思考」を繰り返すことで実現していただきたいと思います。

世界は変わっていくものです。効率的で効果の高いプロセスを持っていることよりも、プロセスの改善の仕方を知っていることのほうが、一生使える強みだと言えるでしょう。

プロセス思考を身につけてよりよく生きる

「プロセス思考」に強くなるためには、日常的に「プロセス思考」を意識して、自分のしていることを「プロセス思考」でチェックすることを繰り返すのがよいと思います。

では、どのようにすれば、自らを省みての「プロセス思考」でチェックすることができるのか。

「プロセス思考」の3つの大きな特徴は、以下のとおりでした。

①目的が明確になるからムダがなくなる
②原因が見えるからミスが減る
③実行できる形になるからヒトが動く

プロセスには必ず「目的」があります。その目的を達成するために、やるべきことをプロセスとして書き下せば「実行」できるようになります。そして、プロセスを見えるようにしておけば隙間なく「原因」を探し出せます。

ですから、シンプルな「プロセス思考のチェック法」として、自分の行っていることが、「本当にこの特徴を意識しているか」と日常的に自問自答することが有効です。

もちろん、もっと細かく自分に合わせたチェックリストを作成することもできますが、あまり複雑になると長続きしません。

プロセスは定着させて続けることに意味があります。「プロセス思考のチェック」というプロセスも、すぐに暗記できる3つくらいの特徴を意識するほうが、スキマ時間に手軽にできて、日常の中に定着させることができるチェック方法となるでしょう。

ですから、まずは「目的・原因・実行」という3つのキーワードだけは覚えてください。そこから、本書でご理解いただいたことを、芋づる式に思い出していただければよいのではと思います。

そしてできれば、3つの特徴を組み込んだ7つのステップを、実践してみてください。最初は部分的にでもよいですから、少しずつ「プロセス思考」に慣れていきましょう。

もう少し具体的に説明しましょう。

仕事でもプライベートでも、何かを「失敗した」、「またやっちゃった」と感じることは多いものです。

例えば「また遅刻しちゃった」、「また約束を忘れちゃった」、「また感情的に怒ってしまった」などなど。

そんなときは、自分を責めるのではなく、冷静に自分にこう問いかければいいのです。

「問題が生じているステップ・手続きを、前後を含めてプロセス化できているか？」

これは、そもそもその行動をプロセスとして意識しているかどうかを問う、根本的なものです。「またやっちゃった」と感じているのですから、そこには繰り返されているなんらかのプロセスが存在しているのです。このプロセスを意識的に取り出さなければ、プロセス改善はできません。想定外の突発的な事故だ、仕方ない、と考えてしまえば、プロセスを改善する機会は失われてしまいます。

そしてプロセスとして意識できたのあれば、次に3つの特徴に沿って考えます。

①「目的は明確か？　ありたい姿は何か？」

自分がそのプロセスにおいて、そもそも何を目的としているのかを考えてみましょう。

例えば、子どもの成長に寄与したいのであれば、感情的に怒ることにはあまり意味がないと気づくはずです。

②「実行できることを自分に課しているか？　お題目や理想論になっていないか？」

そのプロセスの目的が明確になっていたとしても、プロセスが曖昧だったり手続きが難しかったりすれば、目的を達成することができず、自己嫌悪におちいるばかりです。自分の能力を過信せず、分かりやすく実行しやすいプロセスになっているのかをチェックしましょう。

例えば、試験に合格するという目標をかかげたとしても、そのために毎日の睡眠時間を

4時間にするような計画では、頭が働かなくて逆効果のことが多いです。ナポレオンやエジソンは4時間しか寝なかったと言われていますが、自分は自分、他人は他人です。真偽不明の伝説に振り回されないようにしましょう。そして、「簡単な問題から解き直す」「5分考えて分からなかったら答えを確認して次に進む」「最後にできなかった個所を整理して後日効率的に再学習できるようにする」といった、自分でも無理なく「実行」できる一連の具体的なやり方を見つけてみましょう。

③「原因を網羅的に見つけようとしているか？　作業と作業の隙間にも注目しているか？」

プロセス思考で、失敗の原因を考えてみましょう。

例えば、最近よく遅刻するのは朝起きるのが遅いから、という直接の原因はすぐに思い当たりますが、プロセスを隙間なく遡って考えていくと、前日の夜更かしや、その前の趣味の時間の長さとか、さらにその前の飲酒の時間にも考えが及びます。気晴らしや飲酒の時間が増えた原因を考えてみると、人事異動があって慣れない職場でストレスが溜まっているとか、上司や同僚と気が合わなくて仕事が楽しくないといった原因にも思い当たります。単純に「朝起きるのが遅いから」では「大きな音の目覚ましを買う」といった的外れの改善策に流れてしまうかも知れません。一方、真の原因を見つけることができれば、職場でのコミュニケーション量を増やそうとかランチミーティングを開いてみようとか、まったく違う改善策が思い浮かぶかも知れません。

ここで、子どもの成長について触れたように「プロセス思考」は仕事だけでなくプライベートでも使えるものです。

例えば、私は子どもの教育においても「プロセス思考」は重要だと考えています。子どもに対して、単純に「もっと素早く解きなさい」「もっと字をきれいに書きなさい」「もっと集中して取り組みなさい」と何百回言おうが、そうはならないものです。学習や筆記のプロセスをよく観察して、「プロセス思考」で原因を見つけて改善していく必要があります。

具体的には、必要な道具を手元にそろえ、余計な遊び道具を一切置かず、姿勢は正しく、照明は適切に、式・筆算・漢字・英単語は、書く位置や空白の取り方をシステマチックに教えること。最大5分考えて分からなければ、諦めてあとで調べるか先生や親に聞くこと。

必ず制限時間を決めて採点すること。このように学習の一連の手続きである「プロセス」に沿って、無理なく実行できる工夫を考えていくと効果的です。

良い「プロセス」を意識的に設計し、一歩ずつ無意識化・習慣化することこそが、身に付く「教育」だと思います。組織における部下育成も同じことです。「プロセス思考」で考えなければ、結果に一喜一憂するだけで、失敗が重なっても具体的な改善策を考えることができません。

会社でも家庭でも、よりよく生きるために「プロセス思考」を活用していきましょう。

ＡＩに使われる側ではなく使う側に立とう

昨今、ＡＩ（人工知能）という言葉が流行語のようになっています。メディアでは「ＡＩに奪われる職業／奪われない職業１００選」みたいな記事をよく見かけますが、どんな仕事がなくなり、どんな仕事が残るのかをちょっと考えてみました。

私は、「ルールやプロセスに従う作業はＡＩに置き換わり、ルールやプロセスを創造する作業はＡＩに置き換わらない」と考えます。

ですから、「プログラムを組む」「プロセスを設計する」「アルゴリズムを開発する」「顧客ニーズに合うシステムを構築する」「感情に訴えるデザインを描く」といったスキルは、ＡＩに奪われにくいと言えます。考えられる可能性が多いうえに、出来上がりの良し悪しを機械的に判断しづらいからです。

逆に、「仕様書どおりに設計する」、「設計書どおりに組み立てる」、「決められたアドレスに配送する」などの仕事はＡＩに代替されやすいでしょう。弁護士の仕事がＡＩに置き換わるかもしれないと言われているのは、過去の判例を調べて蓋然性の高いものを選び出すという部分が、ＡＩの得意とするものだからです。

つまり、「膨大なデータが相手だとしても、ルールが比較的簡単に習得できる仕事は、ＡＩに奪われやすい」のです。そして、自然知能（人間）と人工知能（コンピュータ）は、実装（知能の実現方法）に差があるだけで、情報処理だけに限って見れば、その本質に違いはありません。

そこで、「ルールやプロセスに従う仕事は、習得が容易なので、ＡＩに奪われる」「ルールやプロセスを創る仕事は、習得が容易でないので、ＡＩに奪われにくい」――このシンプルな基準で考えたときに、これからの時代、自分や自分の子供が何を学ぶべきかが、見えてくると思います。つまり、プロセスを設計し、改善し続けるスキルを身に付けるべきなのです。

できあがったプロセスに従うことは、ロボットやＡＩにもできます。しかし、プロセスを創造することは、今のところ人間にしかできません。

ＡＩに奪われやすい職業でも、プロセスの継続的な改善を組み込んでおけば、人間の知能はそこにフォーカスして優位性を主張できます。ＡＩに奪われにくい職業でも、プロセスの大半が単純作業のままなら、ＡＩを活用する競合他社に淘汰されることになるでしょう。

ですから当面は、プロセスを進化させ続けることが人間に残された仕事になるでしょう。人間の「心理」を踏まえて、人間にとってより良いプロセスにすることを「目的」として、プロセスの設計と改善を続けていけるのは、人間だけだからです。

余談ですが、プロセスの観点から見ると、プロセスに従って動く「人材」と「ＩＴシステム」には本質的な違いはありません。コンビニで店員から買ったジュースも、自動販売機で買ったジュースも、その味は同じものです。

ロボットとＡＩの登場で、その差はますます曖昧になっていくでしょう。今はまだ人間が配送している宅配便も、そのうちロボットが配送するようになるはずです。ドローン配送はすでに実験的に行われています。

長期的な射程で考えれば、究極的には、自然知能（人間）と人工知能（コンピューター）の違いはなくなっていくでしょう。今はまだ（将棋などの）特定領域を除き、人工知能の方が圧倒的に遅いというだけで、長期的には、あらゆる分野で人工知能のほうが速くて正確になっていくのは間違いないでしょう。

創造的な仕事も含めて、人工知能が人間を超える技術的特異点（シンギュラリティ）が可能になるためには、莫大な可能性のそれぞれに対して、社会システムや人間感情への影響を評価する仕組みが必要になります。そのためには、恐らくなんらかの生命身体モデルを組み込むことになるでしょう。そこまでいけば、自然知能と人工知能の差は消えます。

極端に言えば、ＡＩが宇宙をまるごといくらでもシミュレートできるようになったら、この宇宙という物理現実ですら「職を失う」ことになるでしょう。どのような世界の可能性をも好きに体験できるようになったとしたら、1つの世界に縛られて生きることの意味をはたして私たちは維持できるでしょうか？

知能にせよ、生命にせよ、宇宙にせよ、それ自身よりも速く正確に過程と結果をシミュレートできるものに代替されるようになったら、その役割は終わります。あなたが「自由意志」と呼ぶものも、あなたが決断するよりも速く、あなたの決断を完全にシミュレートできる代替手段が登場したら、その役割は終わります。

しかし、安心してください。しばらくは、そのような時代は訪れないでしょう。当面は、プロセスの「目的」を理解し、人が「実行」できるように組み立て、問題が生じれば「原因」を分析し改善を続ける、この「プロセス思考」は、人間だけが持つ知恵であり続けるでしょう。

プロセス思考を通じて自己実現するために

私が50歳にして脱サラ起業して、残りの人生を「プロセス思考」と心中しようと決意した理由の1つは「プロセスの中立性・万能性・究極性」に感動したからです。

製造現場でも管理でも経営でも、家事でもデートでも、悪事にでさえも適用できる「中立性・万能性・究極性」——そこに惚れ込んだわけです。

プロセスの定義は「入力を出力に変換する一連の手続き」というものです。

この短い定義の中に、限られた時間と空間の中を、何かに向かって一歩一歩生きるしかない人間の本質がすべて畳み込まれていると思います。

私たち人間は、時間順序を逆転させることもできないし、努力なしで結果・成果・価値をいきなり得ることもできません。入力から出力への一連の手続きを意味するプロセスは、「生きること」そのものの縮図です。

ですから、プロセスの定義そのものはなんの変哲もない無色透明なものですが、「すべてはプロセスに結びついている」といえます。

人が生きるうえでなぜ「プロセス思考」が必要かといえば、人はすべての状況への最適な対処を新たに毎回毎回ゼロから創造するような時間も能力も与えられていないからです。

すべての可能性を考え尽くしてから最適な行動を取ろうと一歩ずつ考えていたら、次の行動を決めることが永遠にできなくなってしまいます。

しかしながら、人間は「目的」の意味・意義を明確化できるし、一方で実行できることは限られているので、少なくとも当面は有用な「実行のパターン・必勝法・型」を選択することになります。これが「プロセス思考」です。

良いプロセスに従っていれば、毎回良い成果を得られるでしょうし、悪いプロセスに縛られていれば、毎回失敗を繰り返すでしょう。

このように人間は日々なんらかのプロセスに縛られて生きています。それは文書化され明示化された業務プロセスだったり、暗黙化・無意識化された習慣だったりするでしょう。

「すべてはプロセスに結びついている」ということを、企業を例にとって書いてみましょう。

- どんなに立派な戦略も、プロセス化されなければ実行されません。
- 経営者が知恵を絞って組織構造を変えても、プロセス改善しなければ、現場を混乱させ、プロセスをこじらせるだけです。プロセス改革に結びつかない組織改革を行っても、現場は「名刺の所属が変わっただけだ」と思うことでしょう。

- スタッフが知恵を絞って立派で完全な制度・ルールを練り上げても、それがプロセスに織り込まれなければ、守られることもないでしょう。
- いくら人材育成を行っても、それがプロセスのどこでどのように力を発揮するのかが明確でなければ、ただの「お勉強」になってしまうでしょう。
- いくらシステム投資をしても、それがプロセスのどこでどのように力を発揮するのかが明確でなければ、当初の効果を発揮できているのか、損益分岐点を迎えたかどうかの判断もできないでしょう。
- どれほどデータを溜め込んでも、それが人材やシステムを通して、プロセスのどこで活用されるのかが明確でなければ、宝の持ち腐れになるでしょう。

プロセスが見えないままなら、または、「こじれた悪玉プロセス」のままなら、戦略は実行されず、組織改革は余計なコストを生み出すだけになり、制度・ルールは守られず、場当たり的な人材育成とシステム開発は現場を疲弊させ、データは宝の持ち腐れになります。

人間が限られた時間と空間のなかを生きるためにはプロセス化は不可欠です。プロセス化しなければ実行もされず、目的が明確でなければプロセスの良し悪しは測れません。

プロセスが飛び飛びではない「一連の手続き」であることが「実行」を可能にし、また「目的」に照らしてプロセスが非効率だと思ったときには「原因」を漏れなく洗い出すことを可能にします。

ですから「プロセス思考」を貫けば、「目的」に向かって「実行」でき、問題が生じれば「原因」を見つけて改善できます。

逆に「プロセス思考」を身に付けないと、「目的」が曖昧で日々なんのために努力しているのか分からず、戦略や制度ルールは「実行」されず、努力は分散され、法令違反が行われ、問題が生じていても「原因」が洗い出せないので対症療法に終始することになります。仕事は「プロセス」に結びつくことで、有効になり、顧客価値を生み出すのです。

短期的な成果を出すことだけにこだわってはいけません。

本書は「魚を提供する」のではなく、「魚の釣り方を示す」ものです。

高い理想を掲げてもすぐに自己実現できるわけではなく、むしろ「いつかやってやろう」と思うだけで、「いつまでもやらない」ことになってしまいます。

「プロセス思考」で自らをコツコツ鍛え続ければ、いつのまにか「もうこんな高みにまで来たのか」と思える日が来ます。

ブレない「目的」に向かって「実行」し、問題が生じても「原因」を見つけて人を責めずにプロセスを鍛える。この繰り返しが、人を、企業を、必ず強くします。

これは仕事に限った話ではありません。

私たち人間は一回限りの生を受けて、いつかはこの世を去る運命にあります。

この私の人生だけは、純粋に一回限りであり、これ〝だけ〟は「プロセス」ではないものです。

一方、この一回限りの人生の内部で何をしたいのかは人それぞれです。そして、それを成し遂げるために行うすべての努力は、「プロセス」になります。

人生そのものは何度も繰り返すことができないので、「プロセス思考」で改善していくことはできませんが、人生を構成するありとあらゆる要素は、「プロセス思考」で改善していくことができます。

「プロセス思考」は目標に対して中立であって、何に対しても使うことができます。ですからぜひこの思考法を身に付けて、昨日よりも今日、今日よりも明日と、より良い自分を実現していっていただければと心より願います。

おわりに

日本語で「プロセス」と言うと、「結果」に対する「過程」という意味だと考える人が多いでしょう。

本書で明らかにしたような「入力から出力が得られるまでの一連の作業」という定義と比べると、一般的な日本人が感じる「プロセス」の意味には、「成果の明確性」「作業列挙の隙間の無さ」「最上流まで遡る」という意義が脱落しています。

英語でprocessと言うと、すでに語感に「目的の明瞭性」「作業の一連性」が染み込んでいて、end-to-end（端から端まで）で考える重要性も理解されると思います。

一方、日本で「プロセスを大事に」と言うと「結果が悪くても努力は認めてあげようよ」みたいに感じる人もいるでしょう。この差はなかなか埋め難いものです。

とはいえ、言葉は生き物なので、間違っていると抗議しても仕方がありません。そこで、「プロセス思考」という新語をかかげました。つまり、英語本来のprocessの重要性を日本に浸透させるためには、「プロセス思考」という新語を作って浸透させたほうがよい、と判断したわけです。

もちろん、このようなことは、分かっている人にはとっくに分かっていることでしょうが、「プロセスを大事にしろ」と先輩や上司から言われて、「分かったような、分からないような……」と首をかしげる人も少なくないのが現実です。

もっとも「プロセスを大事にしろ」と言っている方も、本当に理解しているのかどうか、怪しいと思います。

例えば「プロセス思考」が身に付いていないと、何かまずいことがあったときに、「プロセスのどこに問題があったか」ではなく「誰が犯人なのか」を探してしまいます。

それでは組織は強くなりません。「プロセスを憎んで人を憎まず」を合言葉に、微力ながら今後も「プロセス思考」の布教活動を続けていきたいと思います。

本書は「プロセス思考」の入門書であり、そのご利益を十分に得るための土台作りを担うものです。

つまり「業務改革」「働き方改革」「現場改善」「ダイバーシティ推進」「自動化・ＲＰＡ（ロボティックプロセスオートメーション）活用・ＡＩ活用」「ＢＰＭ（ビジネスプロセスマネジメント）」といったテーマの各論に進む前に、その通奏低音である「プロセス思考」について、読者に腹落ちしていただくための本でもあります。

業務改革を推進したい人（させられている人）、働き方改革の手法を説明したいが、いちいち「プロセスとは何か」まで立ち戻って説明する余裕のない人、そういう人たちが「この本を読んでおいてください」と気楽に言えるように、本書を編みました。

しかし、入門書とは実に難しいものです。

一般に「不正確だが分かり易い」ほうが多くの人に読んでもらえますが、一方で、予想外の誤解を受ける恐れがあります。

とはいえ正確性を重視すると難解で説教臭くなり、読んでもらえないものになります。「今、日本で何が求められているか」を見抜き、「うまい伝わり方」まで設計しようと試行錯誤したものですが、どこまでできたかのご判断は読者にお任せします。

私は、世のため人のために「プロセス思考」の効用と真髄を伝え広めたいと考えていますが、そのためにも「プロセス思考」とは何かを本書を通じて明らかにしたいと思いました。

例えば、「オブジェクト指向」が再利用を、「ロジカル思考」が因果関係重視を、「目的志向」がポジティブな努力を促すものだとすれば、「プロセス思考」はこれらを時系列で統合する手法だと言えるでしょう。

「プロセス思考」とは、目的に向かう一連の手続きを形式知化して再利用し、非効率の真因を漏らさず見つけて継続的に改善する土台になるものだからです。

そして「オブジェクト指向」はカオスなソースコード地獄を救うため、「ロジカル思考」は勘・経験・度胸からの脱却のため、「目的志向」は場当たり的な問題回避を避けるため、というモチベーションとともに広がっていったとするのであれば、「プロセス思考」に固有なモチベーションとは、いったいなんでしょうか？

煎じ詰めると「失敗を繰り返さないため」だと私は思います。「毎回作り直し」「目標未達」「見切り発車」「対症療法の乱発」が「繰り返されている」なら、それを防ぐ処方箋として「プロセス思考」が役立つからです。

だから、本書の隠れたキャッチフレーズは「またやっちゃったと思ったら、プロセス思考」です（笑）。

「またやっちゃったと思ったら、プロセス思考」というキャッチフレーズで、プロセス思考のご利益を網羅的に表せているわけではないのですが、本質的な意義に近いと思います。なんとなれば、プロセスとは「入力を出力に変換する一連の手続き」の「繰り返されるパターン」なので「またやっちゃった」の改善には最適なのです。

本書で「プロセス思考」に興味を持ち、より深い知識を得たい、実業務に本格導入したい、と思われた方は、業務プロセスの管理については「ビジネスプロセスマネジメント（BPM）」、業務プロセスの改善については「リーンシックスシグマ（LSS）」について、さらに学習を進められるとよいでしょう。

その前に「またやっちゃったと思ったら、プロセス思考」の言葉だけでも覚えて帰っていただければ、私としてはこのうえない喜びです。

土方 雅之（ひじかた まさし）

１９６８年生まれ。１９９２年、東京大学電気電子工学科卒業。同年、日本電気株式会社（ＮＥＣ）に入社。大規模プロジェクトのシステムエンジニア、プロジェクトマネージャーを経験後、グループ全体のＳＩ基盤構築方法論の普及展開に携わる。２００８年から全社基幹システム改革プロジェクトでのＢＰＭ（ビジネスプロセスマネジメント）方法論の設計と展開の責任者。２０１０年、ドイツでの世界的大会「プロセス・ワールド」でアジア初の「ビジネスプロセスエクセレンス賞」受賞。２０１４年からは全社業務改革プロジェクトの中核として創立されたＮＥＣマネジメントパートナーに出向、リーンシックスシグマをはじめとする業務改革体系の企画・設計・展開の責任者。２０１９年、株式会社カレントカラーを設立。

プロセス思考でビジネスが変わる

二〇二〇年一月二一日　第一刷発行

著　者　土方雅之

発行人　久保田貴幸

発行元　株式会社　幻冬舎メディアコンサルティング
〒一五一-〇〇五一　東京都渋谷区千駄ヶ谷四-九-七
電話　〇三-五四一一-六四四〇（編集）

発売元　株式会社　幻冬舎
〒一五一-〇〇五一　東京都渋谷区千駄ヶ谷四-九-七
電話　〇三-五四一一-六二二二（営業）

印刷・製本　シナノ書籍印刷株式会社

装　丁　三浦文我

検印廃止

Printed in Japan　ISBN978-4-344-92612-7　C0234
幻冬舎メディアコンサルティングＨＰ　http://www.gentosha-mc.com/